A vida religiosa na crise da modernidade brasileira

OBRAS DO AUTOR

Discernimento espiritual
Educação católica — atuais tendências
Educação para uma sociedade justa
A evangelização no mundo de hoje
Fé e política
João Paulo II aos jovens
O mundo dos jovens
Teologia da libertação
Teologia da revelação a partir da modernidade
A volta à grande disciplina

J. B. LIBANIO, SJ

A vida religiosa na crise da modernidade brasileira

PUBLICAÇÕES
CRB/1995

Edições Loyola

Conferência dos Religiosos do Brasil
Rua Alcindo Guanabara, 24 – 4º andar
Cinelândia
20038-900 — Rio de Janeiro, RJ
Fone (021) 240-7299
© CRB, Rio de Janeiro, 1995

Edições Loyola
Rua 1822 nº 347 — Ipiranga
04216 São Paulo — SP
Caixa Postal 42.335
04299 São Paulo — SP
Fone   (011) 914-1922
FAX   (011) 63-4275

Todos os direitos reservados. Nenhuma parte desta obra pode ser reproduzida ou transmitida por qualquer forma e/ou quaisquer meios (eletrônico, ou mecânico, incluindo fotocópia e gravação) ou arquivada em qualquer sistema ou banco de dados sem permissão escrita da Editora.

ISBN: 85-15-01188-3

2ª edição: março de 1996

© CRB/EDIÇÕES LOYOLA, Rio de Janeiro/São Paulo, Brasil, 1995

ÍNDICE

Parte I
REALIDADE

INTRODUÇÃO 9

1. NO MUNDO DO SISTEMA: ECONOMIA E POLÍTICA 13
   a. Fato do triunfo do sistema
      econômico, tecnológico e burocrático 13
   b. Neoliberalismo 19
      Relações com o capitalismo tradicional e o neocapitalismo 19
      Triunfo do mercado e suas funções 21
      Crise do mercado 24
      Mudança nas relações de trabalho 25
      Crise do projeto de libertação política 27
      Crise de sentido 28
      Crise de paradigmas 28
   c. Democracia formal 29

2. O MUNDO DA VIDA 31
   a. Impacto da mídia 32
   b. Aumento do mundo dos excluídos 34
   c. A destruição da natureza 35
   d. O crescimento do individualismo 37
   e. A pós-modernidade 39
   f. O mundo religioso da Nova Era 41

3. CONCLUSÃO: CRISE DO SISTEMA 43

Parte II
CONSEQÜÊNCIAS PARA A VIDA RELIGIOSA

1. POSIÇÕES FUNDAMENTAIS DIANTE DA REALIDADE 47
2. ESPÍRITO DE SOLIDARIEDADE E
   DA CIDADANIA EM RESPOSTA À EXCLUSÃO 49
3. A CULTURA DEVE SER EM
   FUNÇÃO DA VIDA E DA ECOLOGIA 55
   a. Em termos de VR 59
4. A DIALÉTICA DO MACRO E DO MICRO 63
   a. Em termos de sociedade 63
   b. Em termos de Igreja 66
   c. Em termos de VR 68
5. DIMINUIR A DISTÂNCIA E DISSIMETRIA ENTRE
   A RAPIDEZ DO DESENVOLVIMENTO CIENTÍFICO-
   -TECNOLÓGICO E A VISÃO RELIGIOSA, PASTORAL 69
   a. Em termos de VR 70
6. ASSUMIR ATITUDE POSITIVA, CRÍTICA E LÚCIDA
   DIANTE DOS CAMINHOS DA ESPIRITUALIDADE
   NO ÂMBITO DA NOVA ERA 73
   a. O fato da emergência do sagrado e suas formas 73
   b. Em termos de educação da fé 75
   c. Em termos de VR 78
7. CONCLUSÃO 81

VOCABULÁRIO 83

PARTE I
REALIDADE

INTRODUÇÃO

Falar da *modernidade brasileira* torna-se tarefa difícil, por tratar-se de conceito fluido, que resiste a análises simplistas e simplificadoras.

Os *filósofos* conhecem *diversas modernidades*. Talvez o cerne do *conceito filosófico* consista no fato de o ser humano, em dado momento, conseguir tomar distância do seu passado, da sua tradição, dos seus mitos e pensar o tempo presente como crítica desse passado, dessa tradição, desses mitos[1].

Comumente chama-se de *modernidade* àquele momento, que se inicia a partir de Descartes, no século XVII, quando o sujeito vai para o início e para o centro do pensamento, constituindo-lhe o fundamento. "Penso, logo sou". Confere-se ao sujeito privilégio singular na filosofia[2].

O *conceito de modernidade* ligou-se a essa interpretação filosófica da realidade que se contrapôs ao tradicional, em todos os

---

1. H. Cl. de Lima Vaz, "Religião e modernidade filosófica", in: *Síntese Nova Fase* 18 (1991) n. 53, p. 149.
2. Id., ibid.

domínios: Estado, sociedade, técnica, costumes, idéias, valores, arte, moral, religião etc. Expressa-se num conjunto de discursos sobre a razão autônoma*, sobre a liberdade, sobre a felicidade[3].

Renan define-a em relação ao mundo religioso de valores:

> *"A obra moderna só será terminada quando a crença no sobrenatural, sob qualquer forma que seja, for destruída".*
> *"Organizar cientificamente a humanidade, esta é a última palavra da ciência moderna, esta é sua pretensão audaciosa, mas legítima. Vejo mais ainda (...) A razão, após ter organizado a humanidade, organizará a Deus"*[4].

Para evitar confusões, cabe distinguir os conceitos de modernidade, cultura moderna e modernização.

Modernidade é um conceito abstrato: o conjunto de características elaboradas pelos intérpretes desse período histórico da cultura ocidental a partir sobretudo do século XVII.

A *cultura moderna* é plural. Os países, as regiões, os segmentos sociais vivem a modernidade de maneira concreta e diversificada. Assim se criam culturas modernas que participam com originalidade e singularidade de características comuns à modernidade, mas não se identificam igualmente com ela.

A *modernização* refere-se mais ao "processo de transformação do mundo resultante do crescente acervo de conhecimento dinamicamente traduzido em tecnologia"[5]. A sociedade se moderniza à medida que submete as atividades, relações e instituições sociais aos critérios de uma racionalidade formal essencialmente orientada à eficácia estratégica e ao sucesso tecnológico das empresas econômicas e políticas.

---

3. J. Comblin, *A força da Palavra*, Petrópolis, Vozes, 1986: 198-264; idem, *O tempo da ação. Ensaio sobre o Espírito e a História*, Petrópolis, Vozes, 1982: 219-267.

4. J.-M. Domenach, *Approches de la modernité*, Paris, École Polytechnique, 1986: 15.

5. M. de Carvalho Azevedo, *Modernidade e cristianismo. Desafio à inculturação*, São Paulo, Loyola, 1981: 15.

Portanto, cabe distinguir a *modernidade* como um fenômeno de ruptura, de emancipação diante da religião, da tradição, da Igreja, da cristandade, do cristianismo e a cultura moderna ocidental, impregnada de elementos cristãos, que a faz respeitadora das diferenças, capaz de dialogar e de inculturar-se em outras culturas, apesar de ter também muitos elementos de rejeição da tradição, do cristianismo.

Não nos interessa entrar numa análise aprofundada deste fenômeno que, já faz quatro séculos, se vem impondo no Ocidente, mas perceber como ele age presentemente na nossa sociedade brasileira, focalizando, de modo especial, a *dimensão cultural*.

Este quadro visa a que se percebam mais claramente os maiores *desafios* que estão surgindo à nossa vivência religiosa, mas sobretudo à nossa missão de religiosos.

A realidade costuma ser muito mais contraditória, conflitiva, prenhe de pólos antitéticos, que as análises dos traços dominantes e hegemônicos o assinalam.

Neste quadro, entre inúmeros elementos, que o constituem, salientaremos a relação entre o "sistema" e o "mundo da vida" com referências ao neoliberalismo, à democracia formal*, à pós-modernidade e à Nova Era.

1

NO MUNDO DO SISTEMA:
ECONOMIA E POLÍTICA

a. Fato do triunfo do sistema
   econômico, tecnológico e burocrático

O *império da modernidade* continua sob a forma do *triunfo do sistema*, entendido como o conjunto de atividades voltadas para a produção, distribuição e consumo de bens materiais e culturais, através do qual a humanidade domina o mundo, garante sua sobrevivência e o desenvolvimento de seu poder, imensamente potencializado pela gigantesca informatização*. A famosa e repetida expressão de *"crise da modernidade"* não significa nenhuma diminuição do vigor crescente desse braço gigantesco do poder tecnológico, econômico e burocrático. Continua com possibilidades imensas de interferir no mundo.

O *sistema* existe para produzir e gerenciar bens materiais ou simbólicos em vista de seu consumo. No Ocidente, a Europa e a América do Norte, e no Oriente, especialmente o Japão, impingem a orientação a esse processo de domínio crescente do sistema sobre os outros setores da vida em todos os continentes e países aonde chegam seus tentáculos.

13

Ele exerce seu império através do *poder político-econômico,* da *burocracia racional e do estatuto jurídico justificativo.* Através dele, reina a razão instrumental*, que estabelece objetivos e organiza eficazmente os meios para obtê-los. Visa ao resultado e à eficiência. Não arrepia caminho diante da pretensão de transformar os fins, válidos por eles mesmos, em meios e instrumentos para alcançar as metas desejadas.

Esse macroprocesso possui garras poderosas: a p*olítica econômica* centrada no mercado, cada dia mais alimentada pela *ciência da informação* com eficiente *organização burocrática* e garantida por *estatuto jurídico,* criado por esse mesmo poder político-econômico dominador.

O *resultado* visível desse sistema encontra-se em todas as partes pela criação de gigantescos complexos centralizados. Na *economia,* organizam-se os *três megablocos* — América do Norte, União Européia e Tigres Asiáticos — que aumentam dentro de si e entre si seu mercado. Desaparece a hegemonia americana, contrabalançada pela existência dos outros blocos e pelo surgimento no interior dos respectivos blocos de hegemonias parciais, sobretudo da Alemanha e do Japão.

O *mundo urbano* assiste à passagem da bucólica cidade tricêntrica — igreja, praça e moradia — para a atemorizante "selva de pedra" das megalópoles. Nas suas periferias, constroem-se imensos parques industriais que escurecem os céus das cidades com o véu de sua incontrolável poluição. E no interior desses parques, dominam as megaempresas, de capital transnacional. *No mundo político,* montam-se máquinas partidárias imensas e poderosas, que se mostraram, porém, ao longo do tempo, extremamente vulneráveis à corrupção, clientelismo, coronelismo rude ou sofisticado. No *universo do trabalho,* sindicatos, também eles poderosos e gigantescos, se constituem, não livres das mesmas mazelas, distanciando-se, não raro, na tentação pelega, de suas bases populares. As *igrejas* não se isentam desse gigantismo centralizador nos níveis universal, regional e local. A *educação* sofre o processo da massificação com colégios e universidades, públicas ou particulares, cada vez com mais alunos.

No centro está a economia, que comanda todos os outros setores. Impera na economia o *sistema capitalista.* Paulo VI define-o como aquele que *"considera o lucro como o motor essencial do progresso econômico, a concorrência como lei suprema da economia, a propriedade privada dos bens de produção como direito absoluto, sem limites nem obrigações sociais correspondentes"*[1].

Portanto, é um *sistema* que maximaliza o lucro, ideologiza o mercado, ao apresentar as leis do mercado como naturais, entroniza o deus da competitividade com a conseqüente lógica da exclusão[2].

Atualmente o capitalismo sofre enorme processo de *transnacionalização* e globalização** máxime por obra e graça das infovias*. Até faz pouco, a economia comandava a informação e hoje a informação globaliza a economia. O *mercado* transforma-se na verdadeira "oikumene", habitando toda a terra. Não se vislumbra nenhuma alternativa global e ampla ao sistema centrado no mercado, sob o controle do capital transnacional[3], cujas expressões principais são o FMI, o Banco Mundial, o capital financeiro internacional, as corporações transnacionais, as infovias. Eles tomam as principais decisões sobre as políticas mundiais, afetando, devido à crescente interdependência das economias, praticamente a todas as economias e políticas nacionais. Institui-se um *sistema global sem ordem global,* sem valores éticos de solidariedade global. Os excluídos — continentes, nações ou massas de indivíduos — não são fator relevante de produção nem de consumo[4]. Não existe nenhuma instância internacional com poder para cobrar da economia de mercado* mundializado obrigações sociais (antes cobradas pela luta operária)[5].

Este *poder transnacional submete os subsistemas e os estados nacionais à sua lógica:* a maximização dos lucros, a tecnologia de ponta, a capacidade fantástica de produzir bens sofisticados, em

---

1. Paulo VI, *Populorum progressio*, n. 26.
2. A. Tosolini, *Alternative possibili al sistema capitalistico*, mimeo, Milano, 1994.
3. H. Assmann, *Crítica à lógica da exclusão.* Ensaios sobre economia e teologia. São Paulo, Paulus, 1994: 84.
4. Assmann, 1994: 50.
5. Id. 84.

escala de massa. Engendra necessidades pela propaganda, concentra gigantescamente o capital, elimina a concorrência pela via dos oligopólios e pelo controle de preço, cria constelação de empresas em torno de si, aumenta a exploração da mão-de-obra, não respeita o meio ambiente, polui regiões periféricas. Adquire forma nova de produção, ao agilizar em qualquer parte do mundo a fabricação mais lucrativa de componentes para simplesmente compor o produto final sob a etiqueta da própria marca, tornando-se assim as empresas meras montadoras.

Este poder se agigantou por causa da *tecnologia da informação*, com recursos a computadores, satélites da geração digital, multiplicados pela interconectividade dos sistemas. Fato recente viabilizado pela telecomunicação, pela informática: a revolução do silício. A economia americana informatizada, já saturada, mobiliza 1,5 bilhão de bits por segundo e pretende duplicar para 3 bi. Em fração de milésimo de segundo, circulam informações econômicas através de todo o mundo, permitindo o jogo de bilhões de dólares nas bolsas durante as vinte e quatro horas do dia com ganhos gigantescos, improdutivos, especulativos. Assiste-se à verdadeira ciranda financeira das bolsas, dos bancos e dos fundos, absolutamente incontroláveis e nem sempre desejados por governos, empresas, sindicatos. Haja vista o caso do especulador inglês que negociou mais 1,3 bilhão de dólares, levando à falência o respeitável banco inglês Barings.

Impõe-se o predomínio absurdo do *capital financeiro especulativo* sobre o produtivo, que é de apenas 7% a 9% do capital total. Há dias em que, dos 1,8 bilhões de dólares que mudam de titularidade nas quatro maiores bolsas do mundo, apenas 5% têm a ver diretamente com a circulação de bens e serviços[6].

Esse *dinheiro* não conhece nenhuma ética produtiva, ou porque só se especula com ele, ou porque se investe em que dá mais renda independente de outros valores e necessidades humanas. Segue-se a única lei da maximização do lucro e a curto prazo para deslocarem-se os capitais.

---

6. Assmann, 1994: 18/19.

Tal capital financeiro compõe-se de todo depósito que infinitas pessoas fazem, mas que não sabem o que se faz com esse dinheiro. Não decidem sobre seu uso. É um dinheiro sem dono, gerido não pelo proprietário. As decisões acontecem por cima da cabeça de todos os governos. Não se consegue individuar o proprietário desses fluxos de capital: *existem os seus controladores*[7]. Numa palavra, a economia é regida no vértice por um sistema de fluxo de capitais, que, por sua vez, é governado por poucas centrais de poder econômico.

Processa-se também uma democratização da informação sem bandeira, sem fronteira, sem monopólio. A tecnologia da informação está gerando desestatização, desregulamentação, liberalização dos mercados de capitais, de serviços, de produtos primários e manufaturados. Como efeito positivo, fertiliza-se a economia da competição com a melhoria da qualidade do processo econômico.

Este colossal desenvolvimento das forças produtivas, que estão na base do sistema capitalista, deve-se ao papel importante que as *ciências matemáticas e empíricas* e hoje sobretudo a *ciência da informação* cumprem. O capitalismo desde o início soube articular ciência e técnica, desenvolvendo tecnologia cada vez mais sofisticada. Atualmente este conúbio chegou a graus inimagináveis. Estados poderosos, gigantescos empórios investem capitais monstruosos em pesquisas científicas diretamente orientadas à produção, desenvolvendo tecnologia de ponta. Pela *revolução tecnológica* (microeletrônica*, novos materiais* em substituição das matérias-primas tradicionais[8], informática*, robótica*, cibernética*), a *ciência,* o saber ágil e rápido, a tecnologia tornam-se primeiras *fontes de produção de riqueza.* É a revolução telemática* e da engenharia genética* (biotecnologia), como os campos mais promissores para o futuro. Deslocam-se as atenções para as ciên-

---

7. E. Chiavacci, *Le ragioni dell'economia e le ragioni della fede,* mimeo, Milano, 1994: 22.

8. O Japão, segundo dados do FMI, entre 1973 e 1984, reduziu em 60% o consumo de matérias-primas tradicionais (Aloízio Mercadante Oliva, "A economia do século XXI e o movimento sindical", in: *Tempo e Presença* 13 [1991] n. 259: 5-9.

cias facilmente conversíveis em tecnologia com rápida obsolescência, implicando intensidade de investimentos de capital, préviamente disponíveis e posteriormente aumentados[9].

A. Touraine fala da *passagem da sociedade industrial para a sociedade programada*[10]: "Aquela em que a produção e a difusão maciça dos bens culturais ocupam o lugar central que fora o dos bens materiais na sociedade industrial"[11].

Ocupam lugar central *nessa sociedade* a produção, a difusão de conhecimentos, os cuidados médicos e as informações. Educação, formação, saúde e os meios de comunicação excelem na sociedade programada. O *poder de gestão* consiste em prever e modificar opiniões, atitudes, comportamentos, modelando a personalidade e a cultura. Entra-se diretamente no mundo dos valores em vez de limitar-se ao campo da utilidade. A *importância das indústrias culturais* gera nova cultura e novas relações sociais. Faz-se passagem da administração das coisas para o governo dos homens[12].

Este desenvolvimento vem produzindo brutal *concentração de saber*, de poder e conseqüentemente de riqueza, nos países centrais e suas instituições. Emerge a *"sociedade do saber"*, em que se estabelece nova relação entre máquina e informática. A mídia desempenha papel fundamental na constituição da própria realidade social. Desloca-se o poder dos possuidores de capital para os detentores de conhecimento: muda-se a essência do capitalismo.

Já aparece aqui uma *primeira e decisiva influência do sistema sobre a vida humana,* fazendo-a praticamente prisioneira deste círculo de ferro: capital, ciência, tecnologia em vista da produtividade, do lucro, com descaso da tradição humanista. A sofisticação crescente da tecnologia exige conseqüente elitização dos seus produtores e gerenciadores com exclusão dos menos aptos. Verdadeiro darwinismo cultural. Além disso, a rapidez com que os

---

9. Assmann, 1994: 19.
10. A. Touraine, *Crítica da modernidade,* Petrópolis, Vozes, 1994: 258-266.
11. Id., ibid.: p. 258.
12. Id., ibid.: p. 259.

conhecimentos são superados impõe pensar em uma cultura em contínua mudança.

Distinguem-se *dois tipos de aprendizagem*. Um que visa ao nível da informação, do mero aprendizado, do treinamento de recursos humanos. Trata-se de ensino meramente "bancário" com repetição do já produzido, de aprender o aprendido. O outro situa-se no nivel da criatividade, de formar um sujeito histórico, crítico e criativo. Busca-se desenvolver a capacidade de construir conhecimento. E na base deste tipo de aprendizagem criativa estão, na opinão de Pedro Demo, a filosofia como crítica dos fundamentos, a linguagem como comunicação e a matemática como capacidade de abstração[13].

> "Na economia do conhecimento e da informação temos de ser, por definição, estudantes a vida toda" (Tom Peters).

b. Neoliberalismo

Relações com o capitalismo tradicional e o neocapitalismo

Merece relevo o atual *papel do neoliberalismo* na conjuntura político-econômica mundial e nacional. Distingue-se tanto do capitalismo clássico como do neocapitalismo.

O *capitalismo clássico* apresentava-se como reação ao mundo tradicional, feudal, agrário, introduzindo novo modo de produção e de organização da sociedade, desenvolvendo as forças produtivas. Percorre-se um itinerário do capitalismo mercantil para o industrial.

O *neocapitalismo* respondeu a novos desafios. A presença da tradição socialista, a pressão da luta operária, as crises do capitalismo levaram a que o Estado interviesse mais fortemente na economia, contrariando os princípios liberais do capitalismo clássico. Chegou a ser responsável por 40% a 50% do PIB em algumas

---

13. Pedro Demo, "Pobreza e política de educação", in: *Revista de Educação AEC* 24 (1995): 9-40.

nações. O neocapitalismo interveio respondendo às demandas da sociedade, ao mercado de trabalho, regulando as condições de segurança, higiene, salário mínimo. Estendeu a seguridade social, criando o Estado do Bem-estar Social, ao garantir nível mínimo de vida, inclusive para os mais desfavorecidos, promovendo liberdade e igualdade de oportunidades, reduzindo as desigualdades, generalizando o nível de consumo, implantando um sistema de pleno emprego, engendrando coesão social por ampla classe média, reforçando assim o processo de democratização. Foram os anos mais sociais do capitalismo, sem dúvida, sob a pressão dos movimentos operários e da presença da ideologia socialista. Houve considerável redução dos níveis de pobreza nos países em que ele se implantou sob a forma de social-democracia, com mecanismos de regulação social do mercado.

Somente na perspectiva do neocapitalismo e do colapso do socialismo, entende-se o *surto neoliberal*. Ele apóia-se na *crise e falência do estatismo,* especialmente do *Estado do Bem-estar Social,* julgado lento, incompetente, corrupto, a serviço de interesses políticos, enfermo de gigantismo, ineficiente, perdulário, desinformado. O Estado não prevê nem controla os efeitos perversos. Priva-se das melhores forças de desenvolvimento, a saber, da implacável vigilância do consumidor, do afã de crescer.

Além disso, o neoliberalismo embarca na maré da *derrocada do socialismo,* para livrar-se de qualquer resquício da tradição socialista. Numa palavra, promove o desmonte do estatismo e do Estado do Bem-estar social e de toda herança socializante, que impregnara o neocapitalismo com sua economia social de mercado*.

"A última batalha contra o poder arbitrário está diante de nós. É a luta contra o socialismo, a luta para abolir todo poder coercitivo que pretenda dirigir os esforços individuais e distribuir deliberadamente os seus resultados"[14].

---

14. F. Hayek, "El ideal democrático y la contención del poder", in: *Estudios Públicos*, n. 1, dez 1980, Santiago do Chile, p. 74: cit. F. Hinkelammert, "O cativeiro da utopia. As utopias conservadoras do capitalismo atual, o neoliberalismo e o espaço para alternativas", in: *REB* 54 (1994): 791.

Triunfo do mercado e suas funções

Em seu lugar, o *neoliberalismo* estabelece a centralidade total do mercado. Por isso, vêm à baila as questões da privatização de empresas estatais, da reforma constitucional, da Seguridade Social, do papel do Estado, do conceito de empresa nacional, do papel da empresa estrangeira no país, da flexibilização do monopólio estatal etc. Questões ligadas intimamente ao mercado internacionalizado.

No n*eoliberalismo, o mercado se arvora no cumprimento de várias funções.* Desempenha a *função econômica* de maximizar o lucro, de acirrar a benéfica livre concorrência, de regular a sociedade moderna, de impingir maior competitividade, de promover a competência com conseqüente melhor eficiência[15].

O mercado atribui-se também *a função epistêmica de saber.* A vida econômica é tão complexa que uma só instância (o Estado) não conhece os dados para controlá-la, ordená-la. Termina por estrangulá-la por ignorância. O mercado, por sua vez, dispõe da inequívoca fonte de conhecimento do interesse próprio, da implacável vigilância dos consumidores e da facilidade de montar, com maior rapidez, um sistema centralizado de informação para que os múltiplos atores econômicos aproveitem ao máximo da informação disponível. Isso se torna impossível num sistema de economia centralizada pelo Estado, onde só ele fornece informações necessárias para o sistema funcionar. A crença na força epistêmica do mercado fundamenta-se numa concepção econômico-evolucionária do conhecimento, segundo a qual o ser humano resolve todos os seus problemas a partir da aplicação de conceitos econômicos (escassez, preferências, oportunidades, custos, benefícios) ao agir humano, a tudo que tem vida. Os problemas humanos e da natureza em geral se resolvem criando mecanismos que administrem recursos escassos. Assim o ordenamento da economia de mercado foi uma dessas invenções. Única ordem que possibilita um uso eficiente do saber. Consegue

---

15. O papa João Paulo II reconhece estes benefícios do mercado na Encíclica *Centesimus annus,* sem deixar de fazer-lhe severas críticas.

tomar decisões a partir de um saber espalhado entre milhões de consumidores participantes. A economia de mercado é essencialmente um sistema de informação e de descoberta.

O mercado tem a *função político-ideológica* de justificar o sistema, legitimar qualquer empreendimento, desde que seja eficiente e produza resultado. Diante dele, não há autonomias pessoais, nacionais, culturais. As análises a partir da dependência perdem vigência, já que tudo se submete ao mercado. É a instância máxima na política com a função de grande planejador, excluindo as políticas de desenvolvimento comandadas pelo Estado. Essas soam discursos feitos para o público interno, sem nenhum caráter sério de compromisso. Os pobres, pessoas ou países, são pensados unicamente em função do mercado. Na mesma perspectiva política, em nome do mercado, reprimem-se os movimentos populares ou simplesmente são desarticulados. Combate-se como retrógrada qualquer intervenção do Estado na política[16].

Não falta ao mercado a *função psicológica* de transformar os desejos em necessidades, açulando assim o avanço tecnológico, que, por sua vez, desperta novos desejos. Entra-se numa roda viva de desejos-necessidades-tecnologia sem fim. A elite transforma-se em guia dos desejos da massa. Provoca na massa o desejo mimético de modo que o que hoje pertence aos desejos de luxo da elite, amanhã se torna necessidade para as massas[17]. Como dizia o economista Paul Singer, em palestra às CEBs de Vitória, muitos utensílios eletrônicos pertencem hoje à cesta básica do povo pela via do mimetismo.

Mais. O mercado investe-se de *função ética,* ao decidir sobre os valores para a sociedade. Esses giram em torno da competitividade, produtividade, eficiência (modernização). Fora do mercado, não tem sentido falar de justiça. Essa se submete às suas leis. O neoliberalismo valoriza a ascensão sem restrição, o "afã de prosperar", o risco da livre iniciativa individual. Inibe, porém, a

---

16. F. Hinkelammert, 1994: 792/3.
17. Jung Mo Sung, "Desejo mimético, exclusão social e cristianismo", in: *Perspectiva Teológica* 26 (1994): 341-356.

sensibilidade social, faz desaparecer os valores da comunhão e participação. Introduz visão mercantil nas relações pessoais e comunitárias. Faz o "mundo da vida" funcionar sob o "cálculo de custo e benefícios". Nessa ética, a individualização social extrapola para um individualismo absolutizado e competitivo. A virtude-guia da eficiência econômica é o interesse próprio, eliminando a contraposição altruísmo/egoísmo no pensamento econômico burguês[18]. O neoliberalismo baseia-se, portanto, numa ética que compreende todo ser humano por natureza tender sempre em toda operação econômica a maximizar a própria vantagem. Ele é um "homo oeconomicus" pela própria lei da natureza. Sua natureza assim é feita. Além disso, em todo país, estado, nação há o máximo de bem-estar global, quando cada um busca maximizar o próprio interesse privado, segundo o princípio utilitarístico de J. Stuart Mill em matéria econômica[19].

Finalmente, o mercado cumpre também *função religiosa* de conjugar para os pobres a teologia do sacrifício não-isenta de culpabilização de sua incapacidade e para os ricos a da prosperidade e retribuição[20]. Pensa-se também para os pobres uma teologia da retribuição em forma de busca de bênção, enquanto os ricos já foram abençoados em prêmio de seus esforços. A Igreja Universal do Reino de Deus elabora esta teologia de modo explícito. Os cristãos são destinados à riqueza, à felicidade, à saúde aqui na terra. Se o cristão não fica rico, significa que tem falta de fé ou cometeu pecados ocultos próprios ou dos antepassados. Por isso, não pôde apropriar-se das bênçãos[21]. Luiz Palau, evangelista argentino, americano naturalizado, no Congresso Lausanne II (Manila) pregava : "O Terceiro Mundo é pobre porque é idólatra"[22].

---

18. Carles Comas, "El Neoliberalismo y la historia. Lecciones positivas y negativas", in: E. Rojo...31-89; Jung Mo Sung, ibidem.
19. E. Chiavacci, *Le ragioni dell'economia e le ragioni della fede*, mimeo, Milano, 1994: 26.
20. Sung, 1994: 351.
21. Robinson Cavalcanti, "Predestinados à riqueza e ao poder. Civilização em transição", in: *Contexto Pastoral* 5 (1995) n. 24, p. 6.
22. Robinson, 1995: 6.

Crise do mercado

O triunfo do mercado no neoliberalismo não significa de modo algum que ele esteja realmente sadio e vigoroso. Análise mais detalhada leva a perceber-lhe enfermidade grave.

Arvorado em f*onte privilegiada de conhecimento,* o mercado é mau conhecedor. Desconhece as necessidades básicas humanas, as demandas das maiorias, os direitos primários dos pobres. Atém-se aos caprichos da elite, às possibilidades das minorias, ao interesse de vender mercadorias para obter lucro.

Na sua *função econômica de distribuir,* falha fundamentalmente. Pois, para poder aumentar a competitividade, desmonta o Estado do Bem-estar Social, que desempenha a função de distribuir. Portanto, para produzir mais, emperra a distribuição social, dirigindo-se cada vez mais a minorias de maior poder aquisitivo. Ao modernizar-se, gera desemprego estrutural, reduzindo a oferta de trabalho e aviltando os salários. Sem trabalho, sem salário, não há distribuição.

O *mercado desperdiça* amontoando gigantescas quantidades de lixo, de dejetos, sobretudo pela indústria do descartável. Além disso, encarece enormemente os produtos com as propagandas, cada vez mais custosas, que, numa compreensão sadia e lógica, são inúteis e supérfluas.

O *mercado degrada* no *campo psicológico, ético e religioso,* ao mercantilizar as relações humanas de trabalho, as sexuais e as religiosas. Transforma a informação, a que se tem direito, em mercadoria cara, além de controlá-la. Na *política,* o mercado transforma os votos em mercadoria[23].

João Paulo II também denuncia limites e falhas da economia de mercado, ao alertar na encíclica *Centesimus annus* para o fato de que o mercado por si só não cria um sistema socialmente justo[24].

---

23. J. Ignacio González Faus, "Reflexión cultural sobre la crisis económica. Tema de la Quincena", in: *Noticias obreras* 16-31/01/1994, n. 1112: 19-29.
24. João Paulo II, *Centesimus annus,* n. 42c.

Mudança nas relações de trabalho

O neoliberalismo trouxe p*rofundas mudanças nas relações de trabalho*. Segundo a observação de Aloízio Mercadante, "a mão-de-obra barata perde importância crescente, o trabalho deixa de ser manual para ganhar relevância a inteligência humana, com novas exigências de qualificação profissional. Nessas condições, a educação deixa de ser apenas uma dimensão de cidadania e passa a representar uma exigência da economia propriamente dita. Impõe-se requalificar a força de trabalho e repensar o mundo sindical em outras bases. Superar a visão do operário como simples assalariado para pensá-lo também mais como produtor da riqueza nacional, consumidor e cidadão impõe a educação como exigência econômica"[25].

Deixa-se a *fase do fordismo* e taylorismo**, e entra-se no *toyotismo*. O operário já não é mais considerado um preguiçoso que precisa ser enquadrado e controlado pela produção standartizada (taylorismo), não se reduz mais a simples suporte da máquina. Introduz-se novo padrão de linha de produção com novos métodos de gestão: trabalho em grupo, desverticalização das estruturas internas de poder nas empresas, tomada de decisão mais dinâmica à base de informações super-rápidas, ágeis[26]. O trabalhador assume os interesses das empresas, participa cada vez mais da sua direção, necessita de qualificação sempre exigente com conseqüente conhecimento mais sofisticado.

Introduz-se o *sistema de terceirização*, de franquias**, com plantas industriais menores. Desarticula-se o núcleo do trabalho operário da indústria manufatureira que terceiriza o emprego, deterioram-se as conquistas sociais e promove-se um trabalho precário ao lado do desemprego tecnológico[27].

Assiste-se à gritante *defasagem entre a aceleração das multioportunidades para o capital* e a *lentidão dos movimentos e or-*

---

25. Aloízio Mercadante Oliva, "A economia do século XXI e o movimento sindical", in: *Tempo e Presença* 13 (1991) n. 259: 7/8.
26. Mercadante, 1991: 6.
27. Mercadante, 1991: 6.

ganizações populares. Vige brutal desigualdade de oportunidades[28]. O capital mundial transnacional, ao ser mais flexível que o trabalho sujeito a leis nacionais, transtorna a situação do mundo sindical. Este perde importância, fragmenta-se o trabalhador. Impõem-se novos paradigmas para a luta sindical.

Já não dá mais para pensar o o*perário* unicamente como um assalariado que reivindica melhores salários, mas antes como *produtor da riqueza nacional,* como usufruidor da mesma num processo em que a educação permanente se torna exigência econômica. O operário tende não simplesmente a tornar-se aplicador de conhecimentos, sujeito treinado para tarefas, mas também a assumir o papel de produtor de saber e conhecimento a ser aplicado de forma empreendedora no processo produtivo[29]. Isto implica sua *contínua requalificação* para impulsionar a capacitação tecnológica do país diante das novas tecnologias com a possibilidade de produzir saber e conhecimento em nível do processo de produção. Outrossim entra em questão uma reforma profunda do sistema educacional brasileiro que deve tornar-se também bandeira importante do movimento sindical[30].

Nessa perspectiva, deve-se pensar o *operário como cidadão* e entender a *democracia como construção do espaço público,* onde a participação popular é o próprio alargamento da cidadania. Cabe aos operários ocupar câmaras setoriais, onde se dão as negociações da política de renda, fiscalizar as planilhas de custo, controlar os preços, atuar na política de negociação de renda, discutir políticas de inovação tecnológica, de preço, de qualidade, de desenvolvimento industrial. Fazem parte da agenda do movimento operário hoje questões como previdência social, orçamento público da União, articulação com a massa dessindicalizada e desorganizada desde a elaboração de políticas emergenciais até sua organização política[31].

---

28. Assmann, 1994: 20.
29. Pedro Demo, "Pobreza e política de educação", in: *Revista de Educação AEC* 24 (1995): 9-40; Mercadante 7/8.
30. Mercadante, 1991: 7/8.
31. Mercadante, 1991: 8/9.

Crise do projeto de libertação política

A presença pujante do neoliberalismo trouxe, na sua esteira, a c*rise do projeto de libertação e revolução* e *de esperança*. As camadas populares vinham sendo alimentadas de muitas esperanças: é possível mudar a realidade social, as coisas vão melhorar no futuro para os pobres, o socialismo é melhor que o capitalismo, as lutas e mobilizações populares vencerão o sistema dominante, as Igrejas irão aprofundando cada vez mais sua opção pelos pobres, as mulheres e leigos ocuparão lugar mais digno e de relevo na vida eclesial. Por mais ancoradas que estivessem essas esperanças na consciência popular, tratava-se de uma compreensão da história determinística e ligada ao paradigma iluminista centrado no ser humano, na sua liberdade e na sua capacidade ilimitada de atuar sobre o mundo[32].

Percebe-se hoje a *ilusão de tal concepção antropocêntrica* diante do *homem pós-moderno* fragmentado, cético e desiludido. Além disso, constatam-se tanto o encaminhamento dos fatos em outra direção — derrota do socialismo, os pobres se tornam mais pobres e impotentes, a opção pelos pobres se arrefece nas Igrejas, triunfam o pentecostalismo e os supermercados da fé — como também a inviabilidade de grandes mudanças estruturais a partir de projeto unitário e de natureza socialista pela via da revolução. Esta vem acontecendo por obra e graça da ciência da informação, cuja efetivação não tem protagonista, bandeira, país, sujeito definido. Prefere-se falar de "reformismo radical".

A *história* não caminha inexoravelmente para o *reino socialista* da justiça, fraternidade e igualdade dos seres humanos, sem o escandaloso mundo dos pobres. Essa concepção determinística da história revela-se falsa e frustrante.

Aos que perderam, portanto, a bandeira revolucionária e o horizonte utópico maior, cabe propor-lhes *pequenas práticas concretas com sucesso*. Nesse sentido, desenvolvem-se inúmeros projetos ligados ao município, onde se esperam transformações pos-

---

32. Jung Mo Sung, *Crise de paradigmas, texto-provocativo*, mimeo, São Paulo, 1995.

síveis e significativas[33]. Além disso, implica esse novo movimento libertário atitude diferente diante das alianças políticas, superando purismos políticos e posições isoladas inflexíveis.

Crise de sentido

À medida que o projeto da libertação enchia de esperança a vida de tantos e tantos, cristãos ou não, a sua *crise* provocou um estremecimento muito maior, abalando-lhes o *sentido da vida.* Nesses momentos, ronda a tentação do desânimo, da capitulação, de passar para o lado oposto de vida sem compromisso e de desregramentos burgueses. As pessoas perdem parâmetros, referências, critérios para julgar a coerência entre seus ideais anteriores e suas práticas presentes, como também para analisar os próprios acontecimentos.

Crise de paradigmas

A crise pode ser ainda mais profunda. Assumindo o conceito de p*aradigma,* em sentido mais amplo, como um determinado modo de pensar, de agir, de valorar, compartilhado pelos freqüentadores de dado momento da cultura e capaz de explicar os dados fundamentais desse momento e permitir prospectivas de futuro, percebe-se que o paradigma criado no Ocidente a partir da modernidade entrou radicalmente em crise.

Definindo esse paradigma a partir duma concepção de conhecer como poder, como dominação de determinado objeto, pela via da análise e dentro da lógica da causa e efeito em estrita necessidade, surgem novos fatos, anomalias que ele não explica, de que não dá conta. Procura-se, portanto, encontrar outro paradigma que o faça.

A *passagem de um paradigma a outro* vem causada precisamente pelo surgimento de dados novos, de anomalias que o an-

---

33. J. Lerner, "A salvação é a cidade", in: *Revista Veja:* 12 de agosto de 1992, p. 98.

tigo paradigma não consegue explicar. O confronto com o aleatório, a teoria do caos, a irracionalidade do processo histórico, as monstruosidades criadas pela razão instrumental, o encurtamento das dimensões humanas, a degradação da ética, a colonização do mundo da vida pelo sistema, a escandalosa situação de países e continentes de miséria, o triunfo dominador de pequenas minorias, a repressão das alteridades pelo machismo, pelo etnocentrismo, pelo racismo, os silêncios dos dissidentes religiosos, a crescente onda de marginalizados em todos os âmbitos da vida humana etc. acumulam dados suficientes para fazer explodir o paradigma da modernidade, incapaz de explicá-los.

c. Democracia formal

Os interesses neoliberais reforçam o estabelecimento da de*mocracia formal representativa*. Ao esvaziarem-se e esfacelarem-se os corpos sociais intermédios*, o neoliberalismo político situa o indivíduo diante do poder. Resta-lhe somente o voto para delegar a alguém que o represente. Nesse contexto vale a famosa frase de Mrs. Thatcher: "Não há sociedade, só há indivíduos e famílias".

Nesse mundo político em que o indivíduo fica entregue a si mesmo, a *mídia aumenta enormemente seu poder* persuasório e até mesmo manipulador. E o poder econômico concentra, com maior facilidade, toda sua força precisamente na mídia para através dela, sob a aparência de democracia, impor a mais violenta ditadura do capital. É a imensa ilusão democrática de liberdade, quando, na verdade, são minorias que detêm o poder, o exercem em interesse próprio.

A mídia exerce cada vez maior *influência na decisão da escolha das pessoas*. Ela cria artificialmente a imagem de políticos. Forja-os do nada e joga-os na arena eleitoral, conseguindo elegê-los independentemente dos valores éticos, quer da pessoa do político, quer dos meios para elegê-los. Procede da mesma maneira em relação aos partidos. Sua imagem não depende de seus programas objetivos, mas da que a mídia constrói a partir de jogos de frases, slogans ou cenas adredemente escolhidas e lançadas na publicidade. Os governos funcionam muito mais a partir da mídia do que de seus feitos. Em geral, as imagens dos políticos, partidos ou governos, são geradas distantes da realidade e não submetidas à crítica.

As *conseqüências* tornam-se óbvias: desinteresse, alienação, deficiência na escolha dos candidatos, falta de controle sobre sua ação política, corrupção, clientelismo, corporativismo, etc. Talvez a mais grave seja o distanciamento imensurável entre o discurso político e as práticas correspondentes.

A *falta de educação para a política* torna-se, ao mesmo tempo, o efeito e a causa dessa situação. Já que o político se faz pela mídia, não necessita de nenhuma preparação política adequada, desde que consiga projetar sua imagem. Aí se encontra a raiz do político "picareta"[34]. Por sua vez, esse tipo de política repercute, gerando desinteresse para a vocação política séria, lançando sobre a classe política pecha desacreditadora com conseqüente despolitização da sociedade. À medida que ninguém se prepara para ser político, a educação pode deslizar "inocente" e "neutra" nos trilhos do sistema, reproduzindo-o[35]).

---

34. Chico Whitaker, *Idéias para acabar com os picaretas. Cidadania ativa e poder legislativo,* São Paulo, Paz e Terra, 1994

35. P. Bourdieu — J. Cl. Passeron, *A reprodução. Elementos para uma teoria do sistema de ensino,* Rio de Janeiro, Francisco Alves, 1974.

2

O MUNDO DA VIDA

O *"mundo da vida"* significa o mundo da experiência, do sentido, da comunicação, das convicções e evidências básicas. As maiores transformações vêm do impacto produzido pelo sistema sobre o mundo da vida.

O sistema *coloniza-o* pela racionalidade técnica[1], no sentido mais forte do termo "colonizar". Os fins autônomos*, decorrentes das exigências profundas do ser humano, são transformados em meios em vista dos fins estabelecidos pelo sistema: máxima produtividade, máximo lucro, máxima eficiência, relação entre custos e benefícios.

Impõe-se às *relações humanas as próprias regras do mercado,* onde antes vigoravam as normas e leis da tradição, da família,

---

1. F. X. Herrero, J. "Habermas: teoria crítica da sociedade", in: *Síntese* 6(1970) n. 15, pp. 11-36; idem, "O homem como ser de linguagem – um capítulo de antropologia filosófica", in: C. Palacio, org., *Cristianismo e História*, São Paulo, Loyola, 1982, pp. 73-95; idem, "Racionalidade comunicativa e modernidade", in: *Síntese* 14(1986) n. 37, pp. 13-32; idem, "Habermas ou a dialética da razão", in: *Síntese* 13(1985) n. 33, pp. 15-36.

da religião, coisificando-as. Com isso, destrói-se a autêntica sociabilidade humana, que a sociedade tradicional cultivara tanto. As relações primárias personalizadas cedem lugar às secundárias, funcionais. As instituições e estruturas da sociedade técnico-industrial restringem a liberdade fundamental, profunda, o real espaço das escolhas pessoais em relação às outras pessoas e a Deus, ao agigantarem o horizonte da oferta de bens materiais. Geram, portanto, a ilusão da liberdade, porque o campo das escolhas materiais se amplia ao infinito, mas, na verdade, encurta a liberdade das relações pessoais. Basta comparar uma venda do interior com um shopping center das grandes cidades. Parece que quanto mais coisa se tem para escolher, menos se realiza a liberdade fundamental da construção de si. As coisas dominam as pessoas, em vez de as pessoas sobreporem-se a elas. Nisso, o sistema atinge em profundidade o "mundo da vida".

O sistema *homogeiniza* a cultura, *globaliza* desejos vendidos como necessidades, *destrói* muitos elementos da cultura popular tradicional religiosa, ao veicular uma cultura de massa*, gerada longe do povo nos estúdios e sob o interesse dos empórios da comunicação social e ao desenraizá-la. Nesse sentido, ele s*eculariza* o coração religioso da cultura popular, provocando paradoxalmente o surto de formas religiosas plurais e mercantilizadas. É verdade que a *cultura popular* resiste muito mais que se possa imaginar, mantendo-se pela comunhão de vida das pessoas, pela memória de suas tradições, pela criação de vínculos de parentesco e solidariedade, pelas ajudas comunitárias, pela arte, literatura, folclores, estórias, danças, ritos etc. Os arquétipos tradicionais possuem vigor e fazem sua aparição em determinados momentos da vida nacional: recuperação de conhecimentos populares de medicina e de costumes alimentares, o movimento da anistia com a volta dos exilados, a campanha das diretas-já, a morte de Tancredo Neves e do próprio Airton Senna, a euforia nacionalista do plano cruzado etc.

a. Impacto da mídia

O "mundo da vida" sofre terrivelmente o impacto da mídia. Ela s*eqüestra os acontecimentos,* incapacita as pessoas de recuperarem-nos criticamente na sua seqüência de significados, de terem algum referencial de valor, seja por causa da aceleração e abundância saturante das notícias, seja pela sua pasteurização axiológica. Liquidifica, por assim dizer, os mais diversos fatos, de significados e valores enormemente diferentes, numa pasta única, homogênea, chamada "notícia". Assim, uma catástrofe em Ruanda é apresentada em fração de minuto ao lado de um resultado de um jogo de baseball americano ou de futebol, sem nenhuma referência valorativa. O trivial e o relevante freqüentam igualmente o mesmo telenoticiário em acelerada sucessão de imagens, vindas de todas as partes do mundo, com comentários igualmente dramáticos ou anódinos. Joga-se com efeitos especiais secundários que fragmentam, aproximam ou afastam o objeto, e tiram ao sujeito a possibilidade de vê-lo com distância crítica. A realidade é-nos dada nas "imagens", na versão midiática, na simulação, de modo que *não sabemos distinguir a realidade da imagem, a verdade da simulação, a certeza da opinião*. Chegamos ao paradoxo de estar desinformados no meio de um oceano de informações. Ironicamente os televisivos informativos exercem a contrafunção de desinformar, embaralhando num redemoinho de imagens, pormenores inúteis, banalidades e acontecimentos sérios.

A massa avalassante de imagens termina por r*eduzir a capacidade de maravilhar-se*, de entusiasmar-se, de distinguir o importante do que não é, de gozar intensamente, de realizar experiências que revelam sentido novo, de provar sentimentos fundamentais de autenticidade existencial, ao banalizar a vida e a morte. Além disso, transforma o *telespectador em figura puramente passiva*.

O jovem é a sua maior vítima. Gera neles rejeição a toda atitude marcada pela aspiração a modelos de perfeição e pela busca do significado da experiência humana. Muitos *sinais de decadência no mundo jovem* têm a ver com a influência negativa da mídia: delinqüência juvenil, droga, alcoolismo, suicídio, percepção frenética da sexualidade, distúrbios mentais, fascínio por cultos exóticos etc. Além disso, e*la distorce a percepção do tempo histórico*, coletivo, desestruturando-o, ao polarizar-se sobre o presente. O passado perde ressonância psíquica e o futuro torna-se incerto, pobre de expectativas. E mesmo o presente carece de significado, se faz opaco, precário, indiferente em face dos valores últimos que o transcendem.

A mídia transforma o *mundo em série de pseudo-eventos* de natureza espetacular, configura o tempo como sucessão de momentos presentes isolados, sem ligação entre si, sem profundidade, sem perspectiva histórica. Por sua vez, o espectador é exposto à intensidade das sensações superficiais das imagens, sem percepção crítica das mesmas.

A *mídia exerce controle sobre a sociedade*. Faz a cabeça das pessoas. Joga com os afetos do povo. Direciona-os segundo os interesses do poder dominante. *Cria o Brasil simbólico,* tão diferente do real. Forja-o à base de mitos, tais como, um país conciliador, que "sempre dá um jeitinho", feito de espertos e malandros, os Macunaímas da vida, o Brasil-carnaval, o Brasil-futebol, o Brasil-Airton Senna, o Brasil grande potência do futuro etc. Essa mídia, especialmente a TV Globo, tece o imaginário coletivo com suas novelas, shows fantásticos da vida, noticiários dirigidos etc.

Esse Brasil simb*ólico esconde o Brasil real dos pobres,* dos excluídos, dos bolsões de miséria, da violência, do racismo, dos separatismos etc.

b. Aumento do mundo dos excluídos

O sistema aumenta e modifica a realidade do *mundo dos excluídos economicamente.* A exclusão econômica identificava-se com a pobreza, quer natural, quer produzida socialmente. À medida que a pobreza foi superada, a exclusão também. Assim o neocapitalismo na forma da economia social do mercado diminuiu muito a pobreza e a exclusão, criando ampla classe média nos países onde se implantou.

O *fenômeno novo,* provocado pelo *neoliberalismo,* tanto nos países do Primeiro Mundo como no nosso, manifesta-se no fato de a *nova fase de desenvolvimento estar gerando desemprego.* Este era conhecido sobretudo em dois momentos: pré-desenvolvimento e recessão. Agora acontece que há crescimento econômico com o surgimento de desemprego estrutural, excluindo do mercado de trabalho pessoas de todos os níveis sociais e culturais, especialmente os recém-formados e os sem-especialização.

Em nosso país, *somam-se os excluídos tanto pela pobreza, como pela entrada cada vez mais resoluta do neoliberalismo*, tornando a situação ainda mais grave. E, como, sob certo sentido, o Estado, bem ou mal, tem sido quase o único defensor dos pobres, seu desmonte os deixa ainda mais desprotegidos. O mercado não só não se interessa pelos pobres, como também os exclui. Nesse sentido, ironizava, certa vez, um empresário, ao ouvir falar dos pobres oprimidos:

> *"Como é que pretendem afirmar que os exploramos, se nem sequer nos interessa que trabalhem para nós?"*[2].

c. A destruição da natureza

O avanço do sistema aprofundou o gravíssimo *problema da destruição da natureza*. No início, a reação veio do medo do *esgotamento dos recursos naturais não-renováveis*. Grito que ecoou forte na década de 70 através do famoso Clube de Roma[3]. Essa vertente crítica e de protesto perdeu força com o alto desenvolvimento da tecnologia que deslocou a produção à base de matéria prima não-renovável para a obtenção de "novos materiais" produzidos. Mesmo assim, sem a dramaticidade da década de 70, continua sendo um problema colocado em relação a várias máterias-primas ameaçadas de esgotamento.

A *gravidade do problema* manifesta-se hoje ainda mais na seríssima ameaça de morte que pesa sobre a humanidade e sobre o planeta terra, devido à ainda crescente devastação da biosfera, à gigantesca poluição ambiental e aos riscos da destruição total da vida sobretudo pela via dos artefatos nucleares.

Constata-se que os *dois fatores* mais ameaçadores para a sobrevivência da humanidade e a conservação do planeta terra

---

2. Assmann, 1994: 5
3. Club de Rome, *Halte à la croissance?*, Paris, Fayard, 1972.

vêm da *extrema pobreza* e do *esbanjamento dos países ricos*. Evidentemente, a humanidade, como totalidade, não tem as mínimas condições, sem risco de autodestruição, de viver o nível de consumismo dos países ricos. Fenômenos como a destruição da camada de ozônio, o derretimento da calota polar, os níveis insuportáveis de poluição e outros estão intimamente ligados ao modelo de desenvolvimento dos países ricos e que se encontra em via de implantação nos países pobres.

Une-se à *"injustiça ecológica"* não menor *injustiça social*. Vê-se tal conjugação nos resultados pífios desses últimos espalhafatosos encontros mundiais: a reunião de Cúpula sobre a infância (Nova Iorque, 1990), a Eco-92 no Rio com o tratado de biodiversidade, a Conferência sobre os Direitos Humanos (Viena, 1993), a polêmica Conferência sobre População e Desenvolvimento (Cairo, 1994), os últimos convênios do GATT[4], a Reunião de Cúpula da ONU sobre o Desenvolvimento Social em Copenhague (março de 1995)[5], a Conferência de delegados de 170 nações organizada pela ONU em Berlim, durante onze dias em abril de 1995, para discutir a mudança do clima no planeta[6], o Congresso da ONU

---

4. A. Palazuelos resume com estas palavras o resultado dos últimos acordos do GATT em Montevideo, respondendo à pergunta de se tal negociação atendeu as demandas-expectativas do Terceiro Mundo: "A resposta é altamente pessimista, e neste sentido poderíamos falar de uma clara decepção pela 'escassa generosidade' do mundo desenvolvido expressa nos resultados da Rodada de negociações do GATT. Isso se concretiza em três aspectos essenciais: a) marginalização desses países na mesa de negociação; b) os escassos e contraditórios resultados-repercussões dos acordos em suas respectivas economias; c) a desesperança que ocasiona, uma vez mais, o comprovar como não existe nenhuma vontade de aproveitar um foro de negociação mundial para redefinir uma ordem econômica internacional mais homogênea e solidária que leve em conta as enormes diferenças existentes na atualidade": A. Palazuelos, "Un nuevo desengaño para el Tercer Mundo. Firma de los acuerdos GATT. Tema de la Quincena", in: *Noticias Obreras* n. 1.120, 16-31 de mayo 1994, 338/9.

5. J. Luis Corretjé, "La bomba social. Pobreza, paro y desintegración social amenazan la supervivencia de la especie humana. Tema de la Quincena", in: *Noticias Obreras* n. 1141/1142, 1-30.04.1995: 247-254.

6. Time, 24 april 1995.

sobre a Prevenção do crime e o tratamento do deliqüente (Cairo, 28.04-08.05 1995) etc. Eles não chegam a nada de concreto e eficiente pelo boicote das grandes nações, sobretudo dos Estados Unidos, que não querem renunciar ao nível de consumo existente e ao modelo esbajandor de desenvolvimento.

d. O crescimento do individualismo

Merece maior atenção o *vicejo do individualismo*. Ele está ligado à questão central da modernidade com a emergência da subjetividade*, que implica novo equacionamento entre os indivíduos e a sociedade atual tão complexa. A intencionalidade central da sociedade moderna é o indivíduo, ao entregar aos mecanismos do mercado o seu funcionamento[7]. Talvez o individualismo seja a característica mais marcante do momento presente, reforçada pelo impacto do sistema tecnológico vigente a serviço do mercado.

Este individualismo manifesta-se na *perda* dos laços familiares, da origem, das evidências impositivas da cosmo-orientação, dos vínculos grupais tradicionais. Gera-se então um *sentimento de solidão*, isolamento e impotência do indivíduo diante das macroestruturas. Desenvolve-se n*ovo modo de sociabilidade,* que passa pelo indivíduo e não pela coletividade. Esta acentua a própria subjetividade, a liberdade e a razão iluminista*. O individualismo vê-se reforçado pela *dissolução da biografia normal de mulheres e homens no interior da família e do trabalho, construída na sociedade industrial*. Assiste-se assim à *destradicionalização e desinstitucionalização* do amor, do matrimônio, da família e da indissolubilidade. Exige-se maior *reflexividade biográfica** de todos, já que, perdendo os parâmetros dos papéis sociais, da família estável, da sociedade tradicional, da religião normativa, cada um se percebe entregue a si mesmo.

É *longo processo* que vem acontecendo no Ocidente desde suas raízes semitas e gregas, passando pela enorme influência do cristianismo com o mistério da Encarnação do Verbo.

---

7. Assmann, 1994: 87.

Este individualismo situa-se também dentro do *pluralismo moderno* com conseqüente *relativismo das cosmovisões*. A razão moderna analítica e a valorização da experiência pessoal desfizeram as visões globais, permitindo o surgimento de múltiplas visões de mundo, diante das quais o sujeito é chamado a situar-se na escolha, na liberdade, mas também na insegurança. A pós-modernidade acentua ainda mais o individualismo por efeito da presença da mídia. Esta torna acessíveis a qualquer indivíduo, em qualquer parte do mundo, as mais diversas possibilidades de escolha de valores, de modos de vida, de atitudes, de comportamentos. Abrem-se-lhe assim maiores espaços de liberdade. Cada um se apropria dos elementos que e como quiser.

Ainda mais crucial vem impondo-se na vida pessoal, familiar e profissional, o *individualismo eletrônico*. Pessoal, pela quantidade de horas que as pessoas, começando pelas crianças, passam solitárias diante do vídeo de uma TV ou de um playgame. Familiar, no sentido de que a TV substitui em muitos casos o diálogo entre os cônjuges, entre os filhos e pais, por estarem todos presos ao fascínio de suas cores. Social, no sentido de que já muitos podem trabalhar em casa sozinhos e conectar-se com seu trabalho pelo computador. As consultas pessoais, as discussões cara a cara vão sendo substituídas por encontros "eletrônicos", propiciados pela rede de transmissão televisiva.

O individualismo ostenta, sem dúvida, *face extremamente positiva*. Revela o universalismo da dignidade humana de cada pessoa. Significa, na sua forma moderna, a emancipação do indivíduo de forças que o atormentavam no passado: natureza, destino, carrancas, estruturas opressoras da família, da política, da economia feudal e da religião, de autoritarismos os mais diferentes etc. O indivíduo é chamado a assumir seu próprio destino, construí-lo em liberdade, com novas chances e possibilidades.

Exprime também o desejo sa*dio* do ser humano de *realizar-se a si mesmo*. Este percebeu, com clareza, como doentias, as formas masoquistas* de autodestruição e que sobre ela não se constrói nada de sadio. Faz-se apelo à liberdade, à responsabilidade do indivíduo na sua auto-realização, autoconstrução.

No entanto, *formas degradadas do individualismo* ameaçam gravemente a todos. Perdendo-se as orientações, as hierarquias, as tradições asseguradoras, a ordem cósmica, os fins autônomos, os horizontes morais, em que o indivíduo se situava e percebia o sentido das coisas, ele sente-se desnorteado, alienado, presa fácil das mercadorias físicas e simbólicas e tentado às mais exóticas fugas.

Ameaçam-lhe o *sentimento de solidão* do coração, o isolamento, a impotência diante de uma realidade esfacelada, sem coluna vertebral. Esmaecem-lhe a dimensão heróica da vida, o sentido de ideal. Perde o objetivo pelo qual vale a pena dar a vida. Falta-lhe paixão. Carcomem-lhe o interior o indiferentismo, a apatia (S. Kierkegaard).

Mas, doutro lado, é provocado e batalhado pela *ideologia do sucesso,* da eficácia, do desempenho, da competitividade, da excelência, da qualidade total* até a exaustão neurotizante. Vive ora entregue à inércia do sem-sentido, ora açulado pelo ativismo produtivo com o conseqüente consumismo compulsivo.

Fragmenta-se sua identidade, sofre o colapso do significado das coisas, a banalização, o estreitamento ou perda total do sentido da vida. Vê-se tentado aos narcisismo*, hedonismo*, relativismo moral subjetivista, permissividade. Dobra-se sobre si, alienando-se dos problemas e preocupações religiosos, políticos ou históricos, que lhe transcendem o Eu. Resumindo esta reflexão sobre a face obscura do individualismo, Ch. Taylor conclui:

> *"Em outros termos, a face sombria do individualismo deve--se a um dobrar-se sobre si mesmo, que banaliza e encurta nossas vidas, que empobrece o sentido e nos afasta do cuidado dos outros e da sociedade"*[8].

e. A pós-modernidade

Este impacto do sistema sobre o mundo da vida tem paradoxalmente crescido, de um lado, e, de outro, produzido reações

---
8. Charles Taylor, *Le malaise de la modernité,* Paris, du Cerf, 1994: 12.

opostas. Este momento ambíguo tem recebido o *nome polêmico de pós-modernidade*. De fato, alguma coisa está acontecendo de modo radicalmente novo.

Atravessa todos os setores da vida humana *tensão fecunda* entre a tendência da modernidade do *império do macrossistema*, analisada acima, e o surto de *valorização das microiniciativas*. As novas possibilidades abertas pela informática e sua ligação em rede incentivam muito as pequenas iniciativas.

Ainda sob o aspecto positivo, a pós-modernidade abre *maior espaço para a liberdade* em todos os campos, oferecendo sobretudo um *pluralismo de universos de valores* através da mídia. Produz, sem dúvida, certa *democratização do saber*. Além disso, exerce profunda *função emancipadora*, libertando as alteridades postergadas pela modernidade: a natureza, o feminino, o pacifismo, a arte, a etnia, o sexo etc.

A pós-modernidade exerce, além do mais, mordaz c*rítica às pretensões absolutistas da razão instrumental*, que não dá conta de muitos aspectos da realidade e da vida humana.

No entanto, na pós-modernidade, existem indubitavelmente tendências que provocam *efeitos devastadores e preocupantes*. Vem sendo gestado *novo individualismo* ainda mais radical, sobretudo por causa da substituição das relações pessoais pela presença dos meios eletrônicos, como vimos acima.

As *visões globalizantes esfacelam-se*, deixando o indivíduo desprotegido e entregue a si, a suas construções, freqüentemente arbitrárias. *No nível do compromisso*, rejeitam-se as grandes causas, os ideais elevados, os fins autônomos. Fala-se da *morte das utopias*, deixando as pessoas entregues aos "pequenos e vulgares prazeres" (A. de Tocqueville), que se buscam nessa era da democracia. Anuncia-se o *fim das ideologias* no sentido de que a ciência substituirá o jogo dos interesses maiores para que todos possam seguir a "lei de Gerson". Esconde-se nesse fenômeno profunda *decepção* diante das grandes palavras, dos discursos englobantes, dos acontecimentos decisivos, para viver-se o cotidiano anódino.

Vão de roldão os valores mais defendidos pela modernidade, como verdadeiros *mitos*, a saber, o desenvolvimento, o progresso, a razão, a ciência, a certeza, garantidos pelas pesquisas. Com isso, o *papel do intelectual* cai em descrédito, abrindo espaço para um clima de relativismo, subjetivismo, irracionalismo. Pode-se discutir se se trata realmente de cansaço e decepção diante da razão ou, se, no fundo, não se esconde o reconhecimento de uma derrota irrefragável, de capitulação resignada em face do monstro da racionalidade instrumental triunfante. Em todo caso, refugiam-se os céticos ou derrotados da razão no *niilismo* da verdade, do bem, dos valores*. Diante da revolução ou da mudança profunda da realidade, reina, sim, a consciência da total inviabilidade. Hegel pretendeu pensar a realidade em sua lógica racional, Marx em transformá-la. O pós-moderno repete: *nem pensar, nem transformar*. Viver o presente na sua cotidianidade banal.

f. O mundo religioso da Nova Era

A Nova Era é a face religiosa da pós-modernidade. Se a modernidade pretendeu ter uma leitura filosófica, política, teológica englobante da realidade, a pós-modernidade a desfez e deixou ao *campo da espiritualidade realizá-la*. Portanto, o sonho da Nova Era é recriar, já não desde a racionalidade lógica, mas, *desde a intuição*, uma *visão holística** que supere as dicotomias e alcance a totalidade: ciência e mística, mundo físico e espiritual. Ela anuncia a Era de Aquário que sucede à de Peixes. Esta fora marcada pelo cristianismo e vítima de inúmeras guerras de religião. A Era de Aquário inicia um mundo de paz, de amor, de uma única religião universal, que substituirá a todas as outras religiões.

A Nova Era pretende a *superação dos limites* da própria experiência, da visão dualística de corpo e espírito, do mundo físico através do astral e do espiritual de maneira intuitiva e imediata, das fronteiras do mundo daqui e do mundo de lá, das barreiras a nível epistemológico: nova física, nova psicologia transpessoal*[9].

Deus, Cristo, o ser humano, o cosmos recebem toda uma nova interpretação, *reformulando a teologia, a cristologia, a an-*

---

9. A. Natale Terrin, *New Age. La religiosità del postmoderno*, Bologna, EDB, 1993: 22-35 (trad. br.: Edições Loyola, prelo).

tropologia, a psicologia e a cosmologia até então vigentes na linha da superação de todo e qualquer dualismo, em busca de uma unidade e totalidade fundamental pela via da participação, da comunhão, da integração. Evidentemente a influência hindu, budista e de outras fontes religiosas tradicionais se torna visível.

3

CONCLUSÃO: CRISE DO SISTEMA[1]:

A conclusão desta primeira grande parte nos leva aos seguintes pontos:
— não há crise *no nível econômico,* mas crescimento do potencial produtivo;
— o *sistema geral está em crise,* que cresce com o próprio crescimento econômico;
— *a crise consiste:*
   a) na *destruição dos valores,* não de modo casual, mas indispensável para que se dê a integração global das economias, dos países numa única lógica abrangente do capitalismo;
   b) na *pretensão do sistema* de incluir todos os âmbitos da vida humana;
   c) num *capitalismo enquanto cultura:* a lógica do mercado invade, coloniza todos os campos humanos; gera

---

1. Asmann, 1994: 49.

hábitos culturais, modo de pensar e viver proporcionados pelo sistema capitalista;
d) na criação duma *cultura anti-solidária;*
e) na oposição *entre a lógica do mercado e a lógica da solidariedade,* de modo que as outras crises — ecológica, espiritual-existencial — lhe estão relacionadas;
f) *no questionamento dos alicerces da modernidade:* ciência empírico-analítica*; organização da vida a partir da razão instrumental (que enfraqueceu a consciência ética);
g) no *questionamento frontal de determinada cultura e civilização ocidental* no que diz respeito ao sentido da vida humana, à identidade do ser humano, à sua inserção na natureza e no universo, aos critérios de seu agir, ao referencial último;

— por isso, *não há solução* através do modo como se realiza atualmente o crescimento econômico;

— *a solução se encontrará* numa inversão radical da relação entre sistema e mundo da vida: em vez de o sistema colonizar o mundo da vida, este deve humanizar aquele;

— e em *novo conceito de razão* para além da instrumental, operatória, manipuladora de fenômenos, superando assim o reducionismo da razão através duma concepção holística, mais rica e completa do saber, fruitivo-inaugural (às vezes, falsamente identificada com o festejo da não-razão, intuição, vida imediata)².

---

2. José María Mardones, *El desafío de la postmodernidad al cristianismo,* Santander, Sal Terrae/Fe y Secularidad, 1988: 17.

PARTE II

CONSEQÜÊNCIAS PARA A VIDA RELIGIOSA

1
POSIÇÕES FUNDAMENTAIS DIANTE DA REALIDADE

Diante desta realidade, apresentam-se à VR quatro cenários possíveis. Conforme um cenário se impuser, a VR assumirá formas distintas. Evidentemente esta tipologia não é exclusiva como totalidade, mas sim como cenário precípuo. Por isso, pode dominar um cenário e dentro dele persistir a existência de correntes que configuram outro cenário.

A tendência da pós-modernidade incentiva o *cenário da rendição* sob o nome de pluralismo, liberdade, espontaneidade, tolerância. Nesse caso, a VR embarcaria totalmente no movimento atual de deixar-se, de um lado, conformar-se pelas leis imperantes do sistema, e, de outro, reagiria a ele no sentido de assumir as tendências culturais da pós-modernidade e até mesmo sendo tocada por cortes da Nova Era. Resultará uma VR desvertebrada, plural, entregue às subjetividades individuais. Evidentemente este cenário levará à morte da VR, já que surgirão contradições profundas com a sua inspiração evangélica, que muitas vezes exige "ações contraculturais".

Um segundo *cenário de negociação*, menos radical que o anterior, tenta barganhar com as tendências sistêmicas e suas respectivas reações pós-modernas num jogo "toma lá, dou cá". É a clássica política tradicional, vulgarmente chamada de "mineira". Se vale para o mundo da política tradicional, reflete uma VR sem clareza, sem identidade, que visa simplesmente acomodar-se à nova situação. Como os limites do que se abre mão e do que se aceita não são decididos a não ser dentro do jogo de forças e freqüentemente fora de critérios éticos ou religiosos, esse cenário significa também uma capitulação inaceitável da VR.

Um terceiro e quarto cenários poderiam chamar-se de *"entricheiramento defensivo e ofensivo"*. Ambos participam da mesma atitude de fechamento diante das correntes atuais. Um simplesmente tranca-se na sua posição, *defendendo-se* por todos os meios da entrada das correntes atuais na VR. Cenário viável para algumas pequenas comunidades isoladas do mundo, mas fadado ao fracasso nas comunidades inseridas no mundo moderno, envolvido pela mídia. Por todas as partes, entram o universo axiológico moderno e a força do sistema, e os religiosos necessariamente terminarão influenciados por eles. Um *entricheiramento aguerrido e ofensivo* tem chance em pequenos grupos fanáticos que se alimentam precisamente do combate. Repete-se a história de Qumran em relação ao mundo romano ou imita-se a posição muçulmana do Irã, que arranca de todo o país as antenas parabólicas, fechando-se à influência da mídia mundial.

O quinto cenário, único promissor e de perspectivas, consiste numa *posição crítico-construtiva*. Conjuga-se a busca constante de clareza sobre os valores fundamentais e identificadores da VR, através de uma autocrítica provocada pelas novas realidades e por uma posição de liberdade criativa diante das provocações destas mesmas realidades. Articula identidade com alteridade. Não se renuncia à identidade da VR nem se fecha à alteridade da situação. Mais. A identidade não é concebida como algo fixo, dado *a priori*, mas crítico-construtivamente em relação à história passada e face à novidade do presente[1].

---

1. Esta tipologia é devida a P. Berger, que a usa em outro contexto: P. Berger, *Una gloria lejana. La búsqueda de la fe en época de credulidad*, Barcelona, Herder, 1994: 58ss.

2

ESPÍRITO DE SOLIDARIEDADE E DA CIDADANIA EM RESPOSTA À EXCLUSÃO

As conclusões da primeira parte levam-nos a ir mais fundo na questão central do momento atual: o conflito radical entre exclusão e solidariedade.

Antes de tudo, cabe distinguir *duas concepções de solidariedade*. *Ela pode ser entendida como remédio para as falhas do sistema.* Vem cobrir-lhe as lacunas num momento segundo. Vive-se a esquizofrenia de momentos solidários e capitalísticos. O que se distribui aos pobres, retira-se deles através das estruturas sociais. Cumpre-se um dever moral de ajuda sem renunciar em nada na vida econômica a busca da maximização do lucro à custa deste mesmo pobre que se ajuda.

Outra compreensão de solidariedade considera-a *momento primeiro a partir do qual se redefinem as regras e as finalidades da economia e do viver associado.* Influencia a própria configuração do modelo e do projeto econômico. Supera-se a mentira da dinâmica igualitária do mercado[1]. A solidariedade é vista como bem

---

1. F. Fukuyama, *O fim da história e o último homem*, Rio de Janeiro, Rocco, 1992.

político, como cultura, atingindo a dimensão psicológica de cada um de nós[2].

Nessa segunda versão, a *solidariedade constitui-se fim da economia* em vez do *lucro*. Solidariedade é sinônimo de paz, que, por sua vez, significa tornar mais humana a vida de todos os seres humanos em todas as partes e procurar uma perfeição da relação com o criado segundo a fraternidade, vivendo uns para os outros, conforme ensina o Concílio Vaticano II[3].

De acordo com estas duas concepções, forjam-se também *dois projetos possíveis de solidariedade*. No primeiro caso, parte-se do projeto neoliberal existente e inquestionável e dentro dele procura-se encontrar um lugar para a solidariedade com os excluídos. *No segundo caso,* o excluído define o projeto[4].

No segundo projeto, assume-se que o *mundo dos excluídos é o* FATO MAIOR do momento atual[5] no sentido de lugar epistemológico*[6]. Constitui-se o eixo referencial, principal e o critério, ainda que não único, para elaborar o discurso sobre a cultura solidária e sobre as práticas correspondentes. Com e na vida dos pobres e excluídos, jogam-se o futuro de toda humanidade e a saúde do planeta.

A *lógica do sistema liberal,* com a respectiva ideologia da competitividade, da qualidade total, da produtividade à base de alta tecnologia, *implica exclusão* da mão-de-obra e, por conseguinte, do mais pobre e menos preparado. A prática das inovações tecnológicas exclui os menos capazes, cria novas formas de gestão da força de trabalho, explora menos porque nem sequer emprega. Mas exclui. Nisso oprime.

Em termos de divisão internacional de trabalho, o *Primeiro Mundo* reserva para si os serviços, a ciência, a informatização, o desenvolvimento da tecnologia, geradores de emprego, exportan-

---

2. Tosolini, 1994: 16.
3. Chiavacci, 1994: 29
4. Chiavacci, 1994: 32.
5. H. Assmann, 1994: 17.
6. Id. 51.

do para o *Terceiro Mundo* as fábricas com tecnologia importada, mas que não dão emprego[7].

Se olharmos para o futuro, aparecem os seguintes *cenários no referente à solidariedade* entre as nações:

1. a trilateral da riqueza (EUA-Canadá, União Européia e Japão) entra em acordo e desinteressa-se do resto do mundo;
2. a trilateral fará guerra entre si, se os recursos escassearem a ponto de lutarem para apossar-se deles;
3. apartação mundial: haverá uma grande África do Sul mundial com xenofobismo, muralha eletrônica e nova invasão dos bárbaros;
4. afirmação de um governo solidário mundial internacional em que a economia não se torna seu próprio fim, mas estabelece a vida como fim da economia e se associa a ele[8]). A título de sinal de esperança, na Itália há 400 mil pessoas diretamente envolvidas em atividades de cooperação para o desenvolvimento a tempo integral. Este voluntariado envolve 4 milhões de pessoas para enfrentar a pobreza na Itália[9].

Volta-se à mesma conclusão, *não há saída pelo caminho do desenvolvimento* dentro do neoliberalismo em que a economia, o máximo de lucro são o fim em si[10]. A *saída tem de ser política,* pela criação de uma consciência e visão de objetivos inegociáveis: paz, ecologia, vida para todos e em função deles organizar as práticas, como por exemplo, a criação de um estatuto jurídico nacional e internacional que impeça a ciranda financeira, a tributação de

---

7. Teotônio dos Santos: "Concentração de recursos tecnológicos", in: *Tempo e Presença* 16 (1994) n. 278: 6.

8. Ver a interessante proposta do deputado federal Luiz Gushiken, *Uma nova ordem mundial. O esgotamento do Estado Nacional,* Câmara dos Deputados, Brasília, 1994.

9. Stefano Squareina, *Le nuove frontiere dell'economia globale: il cittadino planetario tra interdipendenza e mondializzazione,* mimeo, Milano, 1994.

10. Assmann, 1994: 54.

máquinas que desempregam, a criação de mais serviços ligados ao lazer, cultura, necessidades espirituais etc[11].

Mas, antes de tudo, faz-se necessário um *movimento mundial e nacional de solidariedade e cidadania* para romper a inércia do atomismo das pessoas, do individualismo, da impotência ante o sistema, assumindo o destino comum dos homens e da terra. Mais. Importa criar uma c*ultura da solidariedade*.

Cultura significa modo de pensar, de viver, de sentir, de relacionar-se, de valorar, de interpretar as regras do jogo humano. Desenvolver na VR religiosa a *cultura da solidariedade* implica mudança profunda na própria maneira de o religioso encarar todo o universo de sua vida. Adquire nova sensibilidade diante do excluído. Isso não se alcança sem o jogo da prática e da consciência, do fazer e do sentir, do pensar e do amar. Tanto mais grave se impõe esta cultura da solidariedade, quanto mais o poder econômico e político de nossos países capitalistas defendem os interesses das classes privilegiadas e açulam-lhes os desejos. Ora, os interesses tornam-se cada vez mais irrenunciáveis, e os desejos são infinitos. O progresso, o desenvolvimento tecnológico empurram-nos cada vez mais para horizontes longínquos e expectativas insaciáveis. É precisamente este alongar o espaço dos interesses e desejos dos ricos que faz faltar os bens materiais e culturais necessários para os pobres. Só a cultura da solidariedade consegue colocar um freio nesse rodar veloz e vertiginoso da ganância dos ricos para satisfazer as necessidades básicas dos pobres. A VR tem diante de si duas possibilidades de inserir-se no processo de criação da cultura da solidariedade em nível interno e em nível externo.

Em nível interno, cultiva-se a solidariedade entre as casas, províncias e países, ao buscar superar as gritantes disparidades existentes a partir de uma atitude interior e de uma sensibilidade nova e diferente em relação aos mais necessitados. No momento atual, a África, mais que nenhum outro continente, foi entregue

---

11. F. Porcar, "Sindicalismo y cultura solidaria. Tema de la Quincena", in: *Noticias Obreras* n. 1123, 1-15 julio 1994: 467-474: ver também: *Iglesia Viva* n. 170 (1994) marzo-abril.

à sua própria miséria e doenças. As nossas províncias e casas da África merecem atenção especial nesse espírito de solidariedade. O mesmo vale para algumas regiões mais carentes de nosso país.

Em nível externo, as possibilidades de participar de campanhas, atividades e iniciativas de solidariedade são inúmeras, conforme as diversas regiões e circunstâncias, desde uma presença mais intensa e organizada na Campanha do Betinho até iniciativas mais localizadas. Os religiosos dispõem, em geral, de muitos recursos materiais, quer financeiros, quer de prédios, praças de esporte etc. que provavelmente estão subutilizados com enormes tempos ociosos. Uma cultura da solidariedade, mais que simples campanha, modificará a maneira de os religiosos relacionarem-se, de perceberem, de usarem, de disporem de seus bens materiais e simbólicos.

3
A CULTURA DEVE SER EM FUNÇÃO DA VIDA E DA ECOLOGIA

Em íntima sintonia com a solidariedade, emerge a *questão fundamental da cultura em função da vida*. Supera-se uma economia da exclusão, se ela deixar de ser fim em si mesma no afã da maximização do lucro para associar-se ao fim de ser vida para toda a humanidade. A sobrevivência do Terceiro Mundo depende da criação, por assim dizer, do *gigantesco sindicato dos pobres,* pessoas e países, bem para além do Terceiro Mundo. Alimentam-no os movimentos sociais nacionais e internacionais em busca do encontro dos países pobres entre si e uma aliança deles com os países ricos em torno dos interesses pela vida. Estão em jogo novos sujeitos emergentes e novos valores[1].

Estes movimentos caracterizam-se pela dimensão ética, ao apelarem para uma sensibilidade coletiva em nome da paz, da democracia, da vida, contra a fome, a miséria e a discriminação. Os movimentos e as pessoas neles assumem responsabilidade em relação ao futuro coletivo, local, nacional, planetário. Adquirem,

---
1. L. Bassegio, "Sujeitos e valores emergentes", in: *Convergência* 29(1994): 631-639.

portanto, caráter transnacional na sua ação pela formação de redes[2].

A *ênfase holística com interpretações espirituais* da situação humana atrai potencial libertador das tradições religiosas, possibilita solidariedade entre atores sociais de países ricos e pobres, entre o antiintervencionismo do Norte e o nacionalismo do Sul, entre ecologistas e pacifistas. Enfim, estes movimentos giram em torno da vida[3]. E entre eles sobressai o interesse ecológico que merece mais atenção.

De fato, em torno da vida volteia a *grave problemática ecológica*. Faz-se mister a manutenção dos equilíbrios ecológicos necessários para a vida do planeta. Um primeiro encaminhamento de solução consiste no *zoneamento ecológico-econômico*:

— espaços preserváveis: não podem ser tocados;

— espaços conserváveis: admitem intervenção muito limitada;

— espaços disponíveis: podem ser tocados, desde que o equilíbrio ambiental não se desfaça[4].

Alguns princípios podem nortear a defesa ecológica. O *princípio da irreversibilidade zero* consiste em reduzir a zero as intervenções na natureza que produzem efeitos em cadeia incontroláveis, imprevisíveis, como, por exemplo, aquele que acontece depois de uma explosão nuclear, e com danos irreversíveis. O *princípio da exploração sustentável* defende que as taxas de exploração dos recursos renováveis devem ser iguais às taxas de regeneração destes mesmos recursos. O *princípio do explorado sustentável* recorda que é quase-sustentável a exploração de recursos naturais não-renováveis quando a taxa do que se perde seja igual à taxa de criação de substitutos renováveis. O *princípio da emissão*

---

2. J. Riechmann — Francisco Fernández Buey, *Redes que dan libertad. Introducción a los nuevos movimientos sociales*, Barcelona-B. Aires-México, Paidós, 1994.

3. Ilse Scherer-Warren, *Redes de movimentos sociais*, São Paulo, Loyola, 1993, Col. Estudos Brasileiros; 1.

4. Pedro Demo: 1995: 10/11.

sustentável propugna que as taxas de emissão de resíduos devem ser iguais às capacidades naturais de assimilação dos ecossistemas em que se emitem esses resíduos (o que implica emissão zero de resíduos não-biodegradáveis). O prin*cípio de seleção sustentável de tecnologias* diz que devem ser favorecidas as tecnologias que aumentam a produtividade dos recursos (o volume de valor extraído por unidade de recurso) diante das tecnologias que incrementam a quantidade extraída de recursos (eficiência diante do crescimento). E finalmente o *princípio de precaução* alerta para que, diante da magnitude dos riscos que enfrentamos, se imponha uma atitude de vigilante antecipação que identifique e descarte de entrada as vias que poderiam levar a desenlaces catastróficos, ainda quando a probabilidade deles pareça pequena e as vias alternativas mais difíceis e onerosas[5]. Impõe-se para o atual desenvolvimento, uma eco-tecnologia, não somente no sentido de não ser poluente ou corretora da poluição, mas de introduzir real mudança de rumo da atual sociedade de consumo. Basta imaginar uma China oferecendo a seus habitantes o mesmo número proporcional de automóveis, eletrodomésticos que os EUA. Ninguém se moveria em Benjing. O petróleo se esgotaria rapidamente.

A teologia, sobretudo a partir do tratado da SSma. Trindade, permite criar nova mentalidade ecológica e ética no sentido de perceber o caráter profundo do inter-relacionamento de todas as realidades. Com efeito, tudo foi criado pelos Três Divinos que se distinguem entre si pela relação e se abraçam na unidade essencial do amor. Assim, todo criado é chamado a distinguir-se pelas relações e unir-se pelo amor. Tudo o que existe se relaciona com cada um de nós, de um lado, e, de outro, aspira a uma unidade íntima entre si. A Trindade inspiração maravilhosa para todo projeto ecológico[6].

A *exegese* vem elaborando nova interpretação dos primeiros capítulos do Gênesis, deslocando o acento sobre o sexto dia, a

---

5. "Criterios operativos de sustentabilidad ecológica: fuente: Riechmann y otros, 1995, p. 27",: in: *Noticias obreras* n. 1140 (1995):197.
6. L. Boff, *A Santíssima Trindade é a melhor comunidade,* Petrópolis, Vozes, 1988; L. Boff, *A Trindade e a sociedade,* Petrópolis, Vozes, 1987.

criação do homem, a cujo domínio se submetem todas as coisas, para o sábado, o descanso de Deus, dia da contemplação e louvor da beleza da criação[7]. De modo negativo, significa tal mudança de atitude uma ruptura com o círculo de morte, gerado pelo crescimento econômico à custa do ecocídio*, comandado pelo atual sistema vigente[8]. A morte da natureza está muito ligada ao desvairado consumismo, que transforma os desejos de bens conspícuos em necessidades em vez de responder primeiro às necessidades básicas. Só uma economia da convivialidade a partir do destino universal dos bens, baixando o nível dos ricos, garante a estabilidade e equilíbrio do cosmos[9]. Impõe-se, pois, hierarquizar as necessidades numa sociedade em que desejo e necessidade se identificam em vista do mercado, priorizando as necessidades básicas da reprodução da vida para todos. Desmascara-se assim o mecanismo sacrifical do desejo mimético, recolocando o desejo no seu lugar[10].

Ainda na perspectiva duma cultura em torno da vida, emerge o grave problema da *ética em relação ao desenvolvimento científico-tecnológico*. H. Küng estabelece alguns princípios fundamentais que podem abrir pistas para nossa atuação ética neste campo.

1. *Regra da solução de um problema:* nenhum progresso científico ou tecnológico pode causar mais problemas do que soluções: eliminação de doenças hereditárias através da manipulação dos genes humanos.

2. Reg*ra da carga de comprovação:* cada novo conhecimento científico ou inovação tecnológica ou nova produção industrial deve provar que não traz *danos sociais nem ecológicos.*

---

7. V. Westhelle, "A voz que vem da natureza", in: *Estudos Teológicos* 30 (1990, São Leopoldo) n. 1, pp. 16-25; J. Moltmann, "Sobre la teología ecológica", in: *Noticias Obreras* 30 (1993) nn. 1093-1094: 249-258 (21-30); J. Moltmann, *Doutrina ecológica da criação. Deus na criação*, Petrópolis, Vozes, 1992.

8. Hinkelammert, 1994: 809.

9. Tosolini, 1994: 18.

10. Sung, 1994: 355.

3. *Regra do bem-estar social:* o interesse da comunidade deve prevalecer sobre o interesse individual com respeito e preservação da dignidade e direitos humanos.

4. *Regra da urgência:* o valor da urgência, como a sobrevivência da humanidade, tem preferência sobre o valor em si mais elevado, como a realização de uma pessoa ou grupo.

5. *Regra ecológica:* o sistema ecológico deve prevalecer sobre o sistema social, o sobreviver ao viver melhor.

6. *Regra da reversibilidade:* em avanços técnicos, os desenvolvimentos reversíveis são preferíveis aos irrreversíveis. Assume-se apenas a irreversibilidade absolutamente necessária[11].

a. Em termos de VR

A descoberta da *relevância da questão ecológica* deverá entrar nas novas preocupações da VR desde os inícios da formação. Trata-se de *criar uma mentalidade, uma cultura ecológica* que vai muito além da simples conservação da natureza ou da sua contemplação religiosa franciscana, a que os religiosos estão acostumados.

Significa considerar cada ser como uma conta do imenso rosário cósmico, que sai das mãos do Criador, para ser rezado na consciência de sua relação com cada um de nós. O planeta terra é dado a toda humanidade para ser por ela guardado. A consciência de destino e de responsabilidade de todos pela terra não tem feito parte de nossa consciência. A idéia de uso tem prevalecido.

A mudança cultural exigida pelo novo *paradigma ecológico,* que se exprime na consciência de que "tudo se relaciona com tudo em todos os pontos"[12], implica nova atitude básica diante da realidade. Olhando para o passado, sentimo-nos no interior de imenso processo evolutivo e necessitamos da interdisciplinaridade

---
11. H. Küng, *Projeto de Ética Mundial. Uma moral ecumênica em vista da sobrevivência humana,* São Paulo, Paulinas, 1992: 77/78.
12. L. Boff, *Ecologia, mundialização, espiritualidade. A emergência de um novo paradigma,* São Paulo, Ática, 1993: 18.

para entender-nos. Olhando para o presente, percebemo-nos enlaçados e solidários com todos os seres, superando uma visão imediatista consumista. Olhando para o futuro, aumenta a nossa responsabilidade de conservar para as gerações vindouras este patrimônio da humanidade de todos os tempos. No fundo, rompe-se a idéia monolítica e de mônada que fazemos de nós mesmos para entender-nos como imensa teia de relações.

A *nova consciência, cultura, paradigma ecológicos* pedem necessariamente mudança do modo de agir e proceder. Abre-se para a VR espaço enorme de ampla práxis humana*, com práticas ecoeconômicas, ecopolíticas, ecossociais, ecoculturais, ecoéticas, ecoespirituais.

Antes de tudo, uma revis*ão radical do modelo econômico consumista.* Sendo vivido no nosso cotidiano, introjetamo-lo e reproduzimo-lo em nossas obras educacionais e outras. A sobriedade na vida pessoal, comunitária e nas obras representa a única atitude coerente com nossa opção de vida.

O Brasil vê-se atravessado por *reivindicações ecopolíticas* das quais os religiosos nem tomam consciência, nem participam. Cabe, portanto, um primeiro momento de informação dessas práticas ecopolíticas, ecossociais, ecoculturais e assim encontrar caminhos de participação. As CRBs nacional e regionais poderiam pensar num banco de dados de ações de cidadania não só no campo da ecologia, mas também em outros e colocá-lo ao alcance das províncias e comunidades religiosas, desejosas de iniciativas nesse campo.

Evidentemente, a contribuição mais específica e original pode a VR oferecer no c*ampo dos valores* e da espiritualidade. Além da solidariedade em contraposição à conduta utilitarista e consumista, já analisado acima, está em jogo o valor maior da integridade da comunidade terrestre e cósmica. "Bom é tudo o que conserva e promove todos os seres, especialmente os vivos e, dentre os vivos, os mais fracos; mau é tudo o que prejudica, diminui e faz desaparecer os seres"[13]. No *campo da espiritualidade,* a

---

13. L. Boff, op. cit., p. 35.

VR pode dar enorme contribuição na sua relação original e numa compreensão crítico-construtiva da dupla mística cósmica e psicológica da Nova Era[14], que encontra inspiração em Teilhard de Chardin[15], na física moderna[16] e na psicologia transpessoal[17].

---

14. J. B. Libanio, "Espiritualidade da libertação em tempos de 'Nova Era'", in: *Vida Pastoral* 36 (1995) n. 182: 2-8

15. Frei Betto, *Teilhard de Chardin. Sinfonia Universal*, São Paulo, Letras e Letras,1992.

16. Fritjof Capra, *O Tao da Física. Um paralelo entre a física moderna e o misticismo oriental*, São Paulo, Cultrix, 1991; id., *O ponto de mutação. A ciência, a sociedade e a cultura emergente*, São Paulo, Cultrix, 1991.

17. J. Poelmann, *O homem a caminho de si mesmo*, São Paulo, Paulinas, 1993.

4

A DIALÉTICA DO MACRO E DO MICRO

O império do sistema está produzindo reações em todos os campos da vida humana, ao estabelecer nova relação entre o macro e o micro. A VR, encontrando-se no coração desse processo, vê-se chamada a assumi-lo nos diversos níveis.

a. **Em termos de sociedade**

O *fato da criação de macroinstituições* dominou os últimos séculos e acelerou-se nos nossos dias. Ainda este processo continua em andamento. Haja vista a criação no Japão do maior banco do mundo através da fusão do Banco de Tóquio com outra instituição financeira, conseguindo-se assim o maior capital atualmente existente numa instituição bancária. Além disso, prosseguem a globalização do mercado, a mundialização do campo da informação, o triunfo da democracia formal em todos os países, a onda mundial da Nova Era etc.

Mas, sem dúvida, existe uma *crise das macroinstituições,* que se reflete na falência da grande máquina estatal burocrática socialista e capitalista, no descrédito das ideologias dominantes e das "grandes narrativas", na ineficiência dos megaplanejamentos centralizados, no colapso da PANAM, nos déficits gigantescos de transnacionais poderosas e de monstruosas empresas estatais, na quebra do Sistema nacional de Saúde e do INSS etc.

Em contrapartida, processa-se uma *valorização das unidades menores descentralizadas,* das explicações parciais e provisórias, das pequenas instituições, das organizações não-governamentais (ONGs)* variadas, múltiplas, ágeis e pequenas, das redes de comunicação, possibilitadas pelo alto desenvolvimento da informática em verdadeira intercomunicação horizontal de pequenas unidades. Impõe-se o direito à diferença por parte de minorias, do pequeno e fraco, contraposto a valores universais reconhecidos e à dominação da maioria. Assume-se o risco de acentuar as diferenças, a pluralidade de espaços, o subjetivismo, a alteridade a despeito de critérios universais.

A *própria mídia,* que, de um lado, uniformiza e massifica, de outro, exibe *as diversidades,* as originalidades e o exótico do pequeno, além de favorecer o pluralismo[1].

Na *economia,* tal fenômeno reflete-se no *processo de descentralização* através da implementação cada vez mais ampla de franquias, terceirizações. A economia popular engendra inúmeras pequenas formas solidárias de produção, de estratégias de sobrevivência, tais como, hortas comunitárias, fabriquetas de fundo de quintal, obras artesanais etc.[2] Em termos mais amplos que o universo popular, empresários anunciam que a empresa da Nova Era deve ser de tamanho reduzido. Privilegiam-se a micro e a pequena empresas[3].

Na *política,* o *Estado centralizado* na federação diminui a força dos seus tentáculos com a valorização crescente das deci-

---

1. L. A. Gómez de Souza: "Centralização ou pluralidade. O caminho criativo das CEBs", in: *Mutações Sociais* 1(1992) n. 1, pp.5-11; id., Revista da Arquidiocese, Goiânia, 35(1992) nn.1/2/3 pp. 81-92.

2. *Projeto Pastoral Construir a Esperança, Economia popular solidária,* mimeo, Arquidiocese de Belo Horizonte, Belo Horizonte, s/d.

3. P. Drucker, "As chances de sucesso na nova era", in: *Seu Negócio na Nova Era, Folha de S. Paulo,* 3/07/1994.

sões em níveis das comunidades, municípios. Esse fenômeno associa-se, de maneira ambígua, aos propósitos do neoliberalismo que propugna, sem mais, o desmonte do Estado.

Na *perspectiva neoliberal brasileira,* há duas maneiras de encarar o gigantismo do Estado. Uma primeira, que não é solução, significa pensar reduzi-lo à base de pura e simples privatização, num thatcherismo caboclo do Estado mínimo. Acontece, porém, que as iniciativas, antes assumidas pelo Estado, entregues à empresa privada e à espontaneidade do mercado, terminam nas mãos de oligopólios e monopólios privados de porte gigantesco. Ilude-se ingenuamente, esperando-se uma solução para o desenvolvimento, baseada na competição que, por si só, levaria à justiça. Acredita-se que a disputa entre os homens e empresas tem um "pressuposto de equivalência", induzindo relações mais adequadas que a função planejadora do Estado. No entanto, as empresas capazes de cumprir tal função são monopolistas, oligopolistas, repetindo os mesmos defeitos, e até de modo pior, do monopólio do Estado. O planejamento empresarial envolve desde pesquisa científica, indução pela propaganda até o deslocamento de capitais em escala mundial, tudo modelado pelas necessidades da acumulação concentradora, rigorosamente planejada, sem nenhum respeito às necessidades do povo.

Há *outra possibilidade para o enxugamento do Estado,* que passa pela participação organizada da Sociedade Civil com seus órgãos menores, mas mais eficientes. Participação que acontece no *nível da decisão, do controle.* Desfaz-se a confusão entre público e estatal, procurando que o governo caia sob o controle direto ou indireto da sociedade, de maneira que instituições privadas possam exercer atividades de interesse público. Servem de antídoto social à burocratização do Estado. Exercem controle atuante não-estatal sobre o Estado e imprimem nova dinâmica às instituições, empresas, agências do Estado. Modificam a democracia representativa, agregando-lhe elementos de democracia direta, participativa que valorizam o cidadão. Dá-se assim força cogente ao controle público não-estatal, aumentando o nível de democracia, civilizando o Estado, limitando-lhe a lógica corporativa e o atrelamento a interesses puramente privados[4]. Exige-se do Estado que ele cumpra sua função principal de garantir os direitos sociais fundamentais da pessoa humana. No fundo, bastaria que o Estado cumprisse os Artigos Primeiro e Terceiro da Constituição, que falam dos fundamentos do Estado Democrático de Direito e seus objetivos fundamentais: soberania, cidadania, dignidade da pessoa humana, valores sociais do trabalho e da livre iniciativa, pluralismo político, construir uma sociedade livre, justa e solidária, garantir o desenvolvimento nacional, erradicar a pobreza e a marginalização, reduzir as desigualdades sociais e regionais, promover o bem de todos, sem preconceito de origem, raça, sexo, cor, idade e quaisquer outras formas de discriminação[5].

b. Em termos de Igreja

O mesmo fenômeno de *tensão entre a macro e micro dimensão* afeta a Igreja, já há várias décadas. No *Concílio Vaticano II*, o *acento sobre a Igreja particular* em reação a uma universalização uniformizante que vinha sendo reforçada pelos organismos romanos no espírito tridentino já denunciava esse problema. A modernidade eclesiástica criou grandes instituições centralizadas em nome da eficiência a partir das quais vinham as consignas comuns e uniformes para todo o corpo eclesial, pelo menos latino.

Hoje o mesmo problema se apresenta no *plano da evangelização*. Fala-se em macroevangelização pela via da mídia com programas que cubram todo o mundo, que possam ser vistos por bilhões de pessoas. Nessa perspectiva, pensou-se o Projeto Lumen 2000 e, de certa maneira, em relação com ele, a Evangelização 2000[6].

---

4. T. Genro - J. Genoino, "O controle público do Estado", in: *Folha de S. Paulo*, Tendências/debates, 22.03.1995: I/3.

5. *Constituição Brasileira*. 1988, coord. e índice: J. Cretella Junior, Rio de Janeiro, Forense Universitária, 1989: 3.

6. Délcio Monteiro de Lima, *Enquanto o Diabo cochila*, Rio de Janeiro, Francisco Alves, 1990: 100-104; L. Boff, *Nova evangelização. Perspectiva dos oprimidos*, Petrópolis, Vozes, 1990.

E a serviço destes megaprogramas estariam os grandes movimentos de espiritualidade e apostolado[7].

As *reações surgem na linha da valorização dos pequenos grupos de vida cristã*, das *comunidades eclesiais de base*. Desloca-se nessa versão eclesiológica o acento do universal do campo jurídico para o simbólico-real. Isso significa que as unidades menores encontram sua identidade em comunhão com o universal, mas dispõe de enorme liberdade na maneira de realizar esta universalidade em suas situações concretas singulares. As instâncias de poder universal se reservam, nesse caso, cumprir funções supletivas, que os corpos menores não conseguem realizar, e arbitrar os conflitos, em que corpos menores se sintam injustiçados, apelando para o órgão superior à busca de justiça. As pequenas comunidades tornam-se o lugar da acolhida, da partilha da palavra, da vida em todos os setores (sacramental, pastoral), do compromisso. Assim a Igreja universal se entende como *rede de Igrejas particulares*, estas como *rede de paróquias* e estas como como *rede de comunidades*. Introduz-se na compreensão eclesiológica a dimensão de rede com todas as suas implicações[8].

É verdade que existem surtos de centralização e romanização no bojo do neoconservadorismo numa "volta à grande disciplina"[9].

---

7. J. Comblin, "Os 'Movimentos' e a Pastoral Latino-americana", in: *REB* 43 (1983) n. 170, pp. 227-262.

8. J. Riechmann - Francisco Fernández Buey, *Redes que dan libertad. Introducción a los nuevos movimientos sociales*, Barcelona-B. Aires-México, Paidós, 1994; Chico Whitaker, "Rede: Uma estrutura alternativa de organização", in: *Vida Pastoral* 34 (1993) n. 173: 15-20.

9. J. I. González Faus, "El meollo de la involución eclesial", in: *Razón y Fe* 220 (1989) nn. 1089/90 pp. 67-84; "O neoconservadorismo. Um fenômeno social e religioso", in: *Concilium* n. 161 - 1981/1; F. Cartaxo Rolim, "Neoconservadorismo eclesiástico e uma estratégia política", in: *REB* 49(1989) pp. 259-281; J. Comblin, "O ressurgimento do tradicionalismo na teologia latino-americana", in: *REB* 50 (1990), pp. 44-73; P. Blanquart, "Le pape en voyage: la géopolitique de Jean-Paul II", in: P. Ladrière - R. Luneau, dir., *Le retour des certitudes. Événements et orthodoxie depuis Vatican II*, Paris, Le Centurion, 1987, pp. 161-178; J. B. Libanio, *A volta à grande disciplina*, col. Teologia e evangelização, n. 4, São Paulo, Loyola, 1984.

c. **Em termos de VR**

Os *religiosos*, por vocação, deveriam ser mais *sensíveis aos sinais do tempo*. No jogo tensional entre *carisma e instituição*, situam-se antes do lado do carisma. Parece que o carisma sopra hoje mais do lado do "micro" ligado ao mundo da vida que do "macro", ligado ao sistema.

A VR sente ainda a necessidade de firmar alguns pontos do *macrouniverso* para poder cumprir melhor suas funções. São as existências sistêmicas necessárias. Por isso, promove-se a intercongregacionalidade no campo da formação, das missões com a internacionalidade de projetos. Muitas congregações percebem que só dentro desse universo maior conseguem oferecer melhor formação a seus membros e podem realizar projetos apostólicos mais eficientes e audazes.

Contudo, ao mesmo tempo, emerge *sentido profundo de identidade* de cada família religiosa. As congregações não se sentem confortavelmente dentro de esquemas unificadores que imperaram no período pós-tridentino, pasteurizando as diferenças das congregações no interior de marcos canônicos universais e constritivos.

Cada congregação busca aprofundar a *singularidade do próprio carisma*, a originalidade de sua presença na Igreja, reivindicando uma pluralidade de modelos de VR dentro de maior flexibilidade canônica.

Além disso, no interior de cada congregação ainda persiste, talvez com menos vigor, o *desejo de pequenas comunidades* para desenvolver melhor convivência entre os seus membros e em busca de maior inserção na vida da comunidade humana local[10].

Outros espaços desta *microdimensão* se manifestam nos *trabalhos de fronteira* junto à *intelligentsia*, aos aidéticos etc. Implica abertura para percebê-los, agilidade para atuar aí e maior flexibilidade institucional para responder a estas rápidas e urgentes demandas modernas. Evidentemente somente grupos pequenos conseguem desenvolver tais qualidades.

---

10. C. Palacio, *Vida religiosa inserida nos meios populares*, col. Puebla e Vida religiosa, n. 6, Rio de Janeiro, CRB, 1980.

5

DIMINUIR A DISTÂNCIA E DISSIMETRIA ENTRE A RAPIDEZ DO DESENVOLVIMENTO CIENTÍFICO-TECNOLÓGICO E A VISÃO RELIGIOSA, PASTORAL

Impõe-se como evidência a existência de *ritmos diferentes* entre o desenvolvimento científico-tecnológico e a visão religiosa, pastoral. A lentidão do caminhar da religião deve-se ao fato de ela trabalhar com arquétipos mais antigos e profundos, que resistem muito mais aos abalos sísmicos das mudanças. Haja vista o resultado da pesquisa que se fez sobre os valores nos dez países mais ricos da Europa[1]. O analista da pesquisa constata que a Europa ainda é regida fundamentalmente pelo decálogo de Moisés (1250 a.C.).

As *representações e valores sociais centrais*, que organizam a sociedade, são valores e representações coerentes com as atividades das quais depende a sobrevivência da sociedade[2]. A sociedade agrária moldou o universo tradicional religioso e de valores. À medida que o mundo industrial vai crescendo em importância,

---

1. J. Stoetzel, *Les valeurs du temps présent: une enquête européenne*, Paris, PUF, 1983.
2. M. Corbi, *Análisis epistemológico de las configuraciones axiológicas humanas*, Salamanca, ed. Universidad de Salamanca, 1983.

cria nova simbologia e valores. E atualmente as atividades científicas, tecnológicas crescem vertiginosamente e anunciam como os configuradores da *sociedade do futuro*. Essa será cada vez mais baseada nas *investigações científicas*, como algo hipotético, sempre superável por outra teoria mais compreensiva e sintética, gerando uma percepção transitória, fugaz, relativista da realidade.

Entra-se num movimento de contínuas inovações, dependentes dos processos eficazes de comunicação. Essa nova sociedade vive da ciência. Todos os *sistemas de valores e as representações da sociedade* terão de ser compatíveis com essa visão científica à base da inovação e de projetos audazes, de intercâmbio de informação e de comunicação humana profunda.

Os si*stemas culturais* perderão sua rigidez. O conhecimento já não se fundamenta numa "natureza tal qual é" nem nos processos históricos. Em lugar de ideologias fechadas e rígidas, são necessárias *matrizes de valores*, a saber, sistemas de valores que não pretendem oferecer soluções determinadas a problemas sociais, mas oferecem marcos de referência de valores no quais cabem projetos concretos muito diferentes que deverão aprender a poder funcionar conjuntamente numa sociedade muito intercomunicada e complexa[3].

Por sua vez, a religião e determinados segmentos axiológicos continuaram, entretanto, ligados ao mundo rural e, em alguns elementos, ao mundo industrial. Estão longe ainda do ritmo da sociedade do saber. Daí esta defasagem e descompasso.

a.   Em termos de VR

Já o próprio termo VR reflete o universo em que se movem seus membros. O choque no seu interior deve-se à transposição da dissimetria da mudança de comportamentos externos, ritmos de vida, inserção no mundo tecnológico, e as exigências regulares e espirituais da VR, ligadas ao outro universo cultural. Tal mal-

---

3. Juan Miralles, *El debate del Estado del Bienestar*, Barcelona, Cristianisme i justícia, 1992, Col.Cristianisme i justícia n. 49.

-estar faz-se sentir sobretudo junto à geração dos jovens. Eles se vêem obrigados pelos seus superiores à vivência de tradições de sua família religiosa, configuradas em outro momento cultural, enquanto eles mesmos estão embalados pelo universo tecnológico especialmente ligado à informática. Já são filhos da TV, dos vídeos e vão entrando rapidamente na geração do computador, da multimídia.

Ainda não se tem idéia do que significam essas transformações no mundo imaginário, simbólico, da fantasia e da afetividade dessa geração da multimídia diante das exigências de orações mentais, de contemplação, de guarda do coração e dos sentidos, inculcadas nas tradições espirituais da VR.

A ascese e receituário religioso tradicionais já não dão conta sozinhos dessa situação. Há real conflito entre a psicologia dessa geração nova e a espiritualidade vivida e codificada na era pré--mídia. E, nesses casos, o recurso unicamente a um dos pólos, ou à espiritualidade ou à psicologia/pedagogia não resolve. Impõe--se a interdisciplinaridade entre essas ciências em jogo. De um lado, faz-se mister recurso à psicologia e pedagogia para ir entendendo as mudanças psicológicas nas novas gerações em curso e à espiritualidade para ir ajustando-a às novas condições psíquicas dos jovens.

6

ASSUMIR ATITUDE POSITIVA, CRÍTICA E LÚCIDA DIANTE DOS CAMINHOS DA ESPIRITUALIDADE NO ÂMBITO DA NOVA ERA

a. O fato da emergência do sagrado e suas formas

O momento atual caracteriza-se pelo *surto religioso*. Se, em décadas passadas, a incredulidade, o ateísmo se impunham como problemas fundamentais para a fé, parece que hoje o contrário acontece. A fé cristã vê-se às voltas com o excesso de crenças, de credulidade, de expressões religiosas. Não deixa de ser significativo o deslocamento de reflexão do sociólogo da religião, Peter Berger, que, em livros anteriores, debateu o problema da secularização, e mais recentemente publica um livro sobre a fé num mundo de credulidade[1].

A *emergência religiosa atual* caracteriza-se por *religiosidade fortemente emocional*, em que se buscam um amor-fusão em lugar do amor-diálogo, a emoção em lugar da liberdade, da razão, da decisão e da vontade, o sentido e percepção como critério de realidade e verdade. Esta se submete à emoção do sujeito.

---

1. P. Berger, U*na gloria lejana. La búsqueda de la fe en época de credulidad*, Barcelona, Herder, 1994.

Estas características principais vestem-se de diversas formas. O *fideísmo místico* lança a pessoa, de maneira cega, em crenças que não se deixam submeter a nenhuma crítica da razão. Desconfia-se fundamentalmente dela, embalado pela onda pós-moderna do descrédito da razão iluminista.

Salta-se, às vezes, para o oposto *fanatismo fundamentalista*, em que a razão é submetida ao rigor literalista do texto, da lei, da norma, da regra, em atitude profundamente pré-moderna.

Outras vezes, as pessoas entregam-se ao *fetichismo ritualista*, esperando que o cumprimento exato de certos ritos, não raro exóticos, produzam efeitos salutares para o corpo e para a alma.

Pessoas culturalmente mais sofisticadas preferem o *evasionismo esteticista*, refugiando-se no simples prazer de liturgias belíssimas, de celebrações esplendorosas, sem perguntar-se pelo seu sentido teológico mais profundo nem pelas exigências de vida delas decorrentes. Estas formas podem assumir um caráter de *esoterismo elitista*, de modo que os participantes se fecham em grupos de iniciados, selecionados e herméticos.

No Estados Unidos, tem-se desenvolvido um *neoconservadorismo* na esperança de encontrar na religião cristã um fundamentamento para o sistema capitalista, ameaçado pela corrupção dos valores fundamentais[2]. Também em nossas plagas, não faltou quem defendesse explicitamente um "capitalismo de inspiração cristã"[3].

A resposta de mais sucesso nas camadas populares tem sido a oferta plural das *igrejas evangélicas*, em que se conjugam os elementos mais diversos: desde exorcismo, milagres, promessas de bens materiais com ascensão social, conversões bem tradicionais (deixar de beber, fumar, dançar) até o uso de shows, discos com imensa parafernália eletrônica[4].

---

2. Bell, Berger, Lipset, Shils, Kristol, Novak, Podhoretz: autores americanos neoconservadores, que recorrem à religião como resposta à crise do capitalismo: J. M. Mardones, "Un debate sobre la sociedad actual: I. Modernidad y posmodernidad", in: *Razón y Fe* 214 (1986) n. 1056: 207.

3. B. Kloppenburg, "A Igreja e o Capitalismo", in: *Teocomunicação* 20 (1990) n. 87: 7.

4. H. Assmann, *A Igreja Eletrônica e o seu impacto na América Latina*, Petrópolis, Vozes/WACC/ALL, 1986.

No mundo católico, este surto encontrou na *renovação carismática* sua expressão mais genuína, com toda a ambigüidade que tal movimento possui, desde conversões autênticas, vidas cristãs maravilhosas seguidas de engajamentos até formas fanáticas e sectárias[5].

O fato desse surto religioso interpela a pastoral e a VR. Exigem-se novos caminhos na educação da fé e na vivência da VR.

b. Em termos de educação da fé

O caminho parece ir na linha da *reeducação da fé cristã* com lucidez crítica, sabendo discernir o trigo do joio. Há valores que merecem ser destacados como a pluralidade de formas religiosas, a possibilidade de experiências singulares, o enorme espaço para o diálogo religioso, a necessidade da inculturação religiosa etc. Só valorizando a *mística na experiência religiosa* se combate o misticismo[6]. A questão da mística ocupa hoje o centro dos interesses. Circulam na Nova Era as místicas cósmica e psicológica, em que se busca uma serena identidade com a energia primordial ou se imerge nas profundezas do Eu numa fusão com o divino[7]. Nelas procura-se a superação dos limites do eu, do cosmo, da vida terrestre, da física e da psicologia, como se viu acima[8]. A resposta cristã dá-se através da mística dialógica[9].

Além disso, só descobrindo a *via da gratuidade*, do despojamento e da abertura ao mistério para além dos racionalismos em clima de vivência e pureza de coração se supera o esvaziamento de dogmatismos, totalitarismos e imposições. À lógica utilitarista,

---

5. CNBB, *Orientações Pastorais sobre a Renovação Carismática Católica*, Documentos da CNBB n. 53, São Paulo, Paulinas, 1994.
6. Cláudio de Oliveira Ribeiro, "A espiritualidade entre a libertação e a gratuidade", in: *Contexto Pastoral* 5(1995) n. 24, p. 5.
7. J. Sudbrack, *La nueva religiosidad. Un desafío para los cristianos*, Madrid, Paulinas, 1990.
8. Terrin, 1992: 22-35.
9. J. B. Libanio, "Espiritualidade da libertação em tempos de 'Nova Era'", in: *Vida Pastoral* 36 (1995)n. 182: 2-8.

presente em certas formas religiosas, opõem-se a paz e a conciliação[10].

A *estética* pode ser ponte maravilhosa para o contato com o mundo divino e renovar profundamente nossas liturgias. Superar-se-á um esteticismo vazio à medida que ela abrir a pessoa para o mistério e suas exigências de conversão.

No bojo desse surto espiritualista, é possível trabalhar numa linha de *síntese* no sentido de desenvolver uma religião de salvação que leve em consideração a subjetividade, a sanidade, a integralidade da pessoa humana, as legítimas necessidades e aspirações individuais. Pois só com correta compreensão da individualidade se combate o individualismo; só com correta compreensão da cura divina se combate o curandeirismo; só com verdadeira crença no demônio se combate o demonismo[11].

Neste contexto carismático, não faltam análises que detectam *influência da umbanda*, quer adotando a linguagem do universo semântico umbandista, quer assumindo-lhe determinadas práticas rituais e simbólicas, impregnadas de mentalidade mágica voltada para o sucesso da vida[12].

A *espiritualidade da Nova Era* afirma excessivamente a *subjetividade individual emocional* em reação ao individualismo moderno secular, frio espiritualmente, fechado em si mesmo, hedonista com sôfrega busca de "prazeres pequenos e vulgares". Se, de um lado, ela superou o lado desgastante do individualismo, como excelente terapia compensatória, do outro, não o ultrapassou. E a espiritualidade cristã não se permite ficar fechada nela mesma. Pretende superar este individualismo em vista da criação de estruturas intermédias sociais e religiosas que defendam o indivíduo contra o anonimato e permitam também a passagem duma fé emocional para uma fé pessoal no interior de experiên-

---

10. Cláudio de Oliveira Ribeiro, "A espiritualidade entre a libertação e a gratuidade", in: *Contexto Pastoral* 5(1995) n. 24, p. 5.

11. Robinson Cavalcanti, "Predestinados à riqueza e ao poder. Civilização em transição", in: *Contexto Pastoral* 5 (1995) n. 24, p. 7.

12. Marcos Roberto Inhauser, "A umbandização do contexto carismático", in: *Contexto Pastoral* 5(1995) n. 24, p. 8.

cias comunitárias, mesmo que passageiras, para terminar numa comunidade comprometida. E há atualmente muitas ofertas religiosas sérias de comunidades de vida cristã, para a partilha de vida, de oração e para o compromisso com os irmãos.

A espiritualidade cristã defronta-se com um mundo que valoriza sobremaneira a *liberdade e o amor*. Nesse sentido, uma espiritualidade de coerção, de ritualismo pesado, de práticas prescritas não responde ao momento atual. O cristianismo tem na sua fonte primigênia duas tendências fundamentais de amor e liberdade, baseadas na prática de Jesus e na teologia paulina. Jesus revela-nos um homem que não é feito para o sábado (Mc 2,27), que não se mede pelos ritos externos nem se contamina pelo exterior (Mt 15,10-20) nem por generosidades ostensivas (Lc 21,3), mas pela liberdade interior. Paulo defende uma "liberdade de" ilimitada em vista de uma "liberdade para" o irmão[13].

Jesus revela-nos a Deus como Pai. Deus é e será para nós o que já é desde toda eternidade: Deus de amor. No princípio está a comunhão dos Três, e não a solidão do Um[14]. Ele é Pai de uma multidão de filhos. Por isso, somos filhos e irmãos entre muitos irmãos. O Espírito de comunhão une ao Pai e ao Filho no Filho uma multidão de homens e também entre si.

"A glória de Deus não é, em primeiro lugar, o que Deus recebe do homem, mas sim o que lhe dá"[15]

Santo Agostinho não teme falar que somos atraídos a Cristo pelo prazer, ao interpretar a passagem de João: "Ninguém vem a mim a não ser que o Pai o atraia" *(Jo 6,44):*

"Há um gozo do coração, seu pão delicioso é o celeste. Contudo se foi possível ao poeta dizer: 'Cada um se deixa atrair

---

13. J. O'Connor Murphy, *L'Existence chrétienne selon st. Paul* (Lectio Divina, n. 80), Paris, Cerf, 1974.

14. L. Boff, *A Santíssima Trindade é a melhor comunidade,* Petrópolis, Vozes, 1988, p. 23.

15. L. M. Armendáriz, *"La Gloria de Dios, el esplendor de la aproximación a lo imperfecto",* in: *Sal Terrae* 10 (1986) 675.

por seu prazer', não pelo constrangimento, mas pelo prazer, não por obrigação, mas pelo deleite, com quanto maior força temos de dizer que o homem é atraído para Cristo, o homem que se delicia com a verdade, com a felicidade, se delicia com a justiça, se deleita com a vida sempiterna, com tudo aquilo que é o Cristo"[16].

Pela via da liberdade, do amor, do prazer, há acesso à espiritualidade cristã e nisso ela é uma resposta aos nossos dias.

c. Em termos de VR

Os extremos traem a verdade. O maniqueísmo, que persegue de longa data não somente as expressões da fé cristã, mas também as atitudes do cidadão normal, prefere trabalhar com o binômio irredutível do erro e da verdade, do bem e do mal, da graça e do pecado, do "nós" e "os outros", dos puros e dos impuros. Tal dualismo, verdadeiro no mundo conceitual e abstrato, conduz a aberrações quando fonte de discriminação concreta entre pessoas, movimentos, tendências.

Com efeito, na história viceja a ambigüidade. Assim, o movimento da "Nova Era", visto por uns como demoníaco, e, por outros, como a mais nova presença do Espírito e salvação para a civilização ocidental, não se deixa certamente enquadrar-se nesses dois estereótipos.

Os religiosos são chamados desde a sua experiência espiritual e seu carisma a discernir nesse movimento os sinais da presença do Espírito e a superar as dificuldades provocadas por ele. Estas originam-se do enfraquecimento do sentido pessoal da Transcendência por causa de certo espiritualismo confuso e difuso, antes emocional que encarnado. A perspectiva da missão esfuma-se por efeito de uma afetividade narcisista em busca de autogratificações em vez de assumir-lhe as contradições e cruzes. Por

---

16. Santo Agostinho: Leitura da 5a. feira da 28ª semana do tempo comum: *Liturgia das horas. Ofício das leituras,* Comissão Nacional de Liturgia, 1978, p. 1108.

outro lado, faculta-se ao religioso uma experiência de fé mais experiencial, narrativa, inculturada no cotidiano, dialogante e humilde na consciência de sua fragilidade[17].

Além disso, a VR pode enriquecer-se de muitos elementos da mística cósmica e psicológica, sobretudo onde alguma tradição mais repressiva e desprezadora da matéria, do corpo e de si, predominou. Uma nova relação com a natureza e com a profundidade do próprio eu possui elementos terapêuticos e libertadores. Enriquece a totalidade do eu, ao situá-lo no horizonte mais amplo da comunhão com o cosmos e com a própria profundidade. Liberta-o de muitas amarras produzidas em nome de um espiritualismo ascético.

Por sua vez, deve manter a lucidez no sentido de não perder a dimensão da relação pessoal com as pessoas divinas, de manter o sentido cósmico em vista da harmonia de toda a humanidade e não do simples gozo de pequenas minorias, de encontrar uma paz no mais profundo do próprio interior a irradiar felicidade e serenidade para os irmãos.

Além disso, o discernimento deve saber distinguir entre técnicas, métodos, práticas espirituais, oriundas de outras espiritualidades e tradições religiosas, que podem enriquecer a estreiteza do mundo ocidental e a renúncia capituladora do coração da nossa fé e tradição cristã. Talvez um dos exemplos lúcidos desse trabalho tenha sido a obra do Pe. Anthony de Mello, que conseguiu introduzir no seio de nossa espiritualidade cristã elementos da rica tradição oriental[18]. Thomas Merton e tantos outros empenharam-se e se empenham nesse esforço de captar do interior da onda espiritualista oriental pepitas de ouro para enriquecer nossa vida espiritual.

---

17. J. Colomer, "Postmodernidad, fe cristiana y vida religiosa", in: *Sal Terrae* 79 (1991): 413-420.
18. P. Anthony de Mello, *Sadhana: um caminho para Deus,* São Paulo, Paulinas, 1980; id., *O Canto do Pássaro,* São Paulo, Loyola, 1982 entre outras obras, publicadas por Edições Loyola: *O enigma do iluminado* I, II, *Quebre o ídolo, Sabedoria de um minuto* etc.

7

CONCLUSÃO

O longo percurso pela modernidade e pós-modernidade, que vem levantando tantas questões à VR, não nos deixou paralisados. Muitos caminhos abrem-se à nossa criatividade, ao nosso empenho, ao nosso trabalho apostólico.

As correntezas da história não são como as dos rios que, todas, conduzem à foz nos oceanos. Na história, umas levam à vida, outras à morte. Por isso, ao entrarmos sem mais nelas, sem crítica, simplesmente para sermos homens e mulheres de nosso tempo, podemos estar cavando mais túmulos de morte. Se nos opusermos também a elas na fixidez reacionária, poderemos estar agindo contra Deus que nos fala pela e na história. Se nem sempre podemos usar a sabedoria de Gamaliel e esperar aonde vai terminar tal tendência, pelo menos cabe-nos discernir. Ora seremos culturais, ora contraculturais. A VR deve, neste momento atual, fazer este discernimento, sabendo escolher quando embarcará nas ondas da modernidade e pós-modernidade, vendo nelas o movimento sísmico de Deus e quando reagirá e enfrentará estas ondas em nome do mesmo Deus e por amor aos humanos.

VOCABULÁRIO

Cibernética: ciência que estuda as comunicações e o sistema de controle não só nos organismos vivos, mas também nas máquinas.

Ciência empírico-analítica: ciência em que se aplica o método experimental e de análise para a obtenção de resultados certos e verdadeiros.

Concepção holística: esforço de perceber em cada parte o todo e entender no todo as partes. Subjaz a consciência de que o pensamento e a vida, a matéria e o espírito, o aquém e o além, estão intimamente ligados e interligados. Busca-se uma cosmovisão englobante que abarque a totalidade em oposição à mentalidade analítica das atuais ciências.

Corpos sociais intermédios: organizações da sociedade que intercalam entre o indivíduo e toda a sociedade: partidos, sindicatos, organizações não-governamentais etc.

Cultura de massa: refere-se aos produtos culturais produzidos e transmitidos pelos meios de comunicação de massa.

Democracia formal representativa: sistema político em que os cidadãos elegem seus representantes para exercerem os poderes executivo e legislativo.

Ecocídio: processo de extermínio da natureza.

Economia de mercado: o sistema econômico cujo principal regulador são as leis do mercado.

Economia social de mercado: forma de capitalismo em que o mercado não é deixado sem mais entregue à lei da oferta e demanda, mas vem regulado por intervenções do Estado.

Engenharia genética: estudo e aplicação de tecnologias avançadas ao mundo da produção agrícola, da reprodução animal.

Ensino bancário: expressão usada por Paulo Freire para indicar a simples transmissão de conhecimentos, acumulados numa espécie de banco de conhecimentos, e que são aprendidos sem crítica e criatividade.

Fins autônomos: objetivos que valem por eles mesmos e não podem ser instrumentalizados.

Fordismo e taylorismo: refere-se ao tipo de produção em série que transforma o operário em verdadeiro autômato, máquina que realiza repetida e mecanicamente o mesmo trabalho.

Franquias: parceria na produção com outros grupos que mantêm certa autonomia na gestão desde que sigam determinadas regras da firma principal.

Globalização da economia: fenômeno de mundialização da economia por via da informática.

Hedonismo: filosofia que estabelece o prazer como norma suprema de valor.

Informática: ciência do tratamento racional, automático e numérico da informação, vista como suporte de conhecimentos e comunicações.

Informatização: o processo da implantação do tratamento racional, automático e numérico da informação, vista como suporte de conhecimentos e comunicações.

Infovias: são os meios de comunicação da informática que fazem circular em fração de segundo informações por todo mundo.

Lugar epistemológico: ponto de partida para compreender e interpretar uma realidade.

Masoquismo: atitude psicológica doentia de procurar o próprio sofrimento como fonte de prazer.

Microeletrônica: parte da física dedicada ao estudo do comportamento de circuitos integrados à base de transitores, semicondutores, microprocessadores, placas eletrônicas etc. e a sua fabricação como componentes de outros produtos.

Narcisismo: atitude psicológica autocentrada.

Niilismo: filosofia que nega qualquer valor, bem, verdade absolutos de modo que tudo converge para o nada.

Novos materiais: a tecnologia vem desenvolvendo a fabricação de materiais artificialmente elaborados em substituição das matérias-primas tradicionais.

ONG (organização não-governamental): entidade de atuação sobre as necessidades sociais, pertencente à sociedade civil, mas cuja atuação a ultrapassa, atingindo também o Estado.

Práxis humana: ação do ser humano voltada para seu desenvolvimento e que transforma a realidade, marcada por valores.

Psicologia transpessoal: parte da psicologia que se ocupa da vida interior de cada pessoa e de suas relações comunitárias, superando o campo estritamente corpóreo e interessando pela alma e espírito.

Qualidade total: expressão usada no mundo econômico, de origem japonesa, para expressar a ênfase colocada na excelência do produto em vista de melhor competitividade.

Razão autônoma: a razão cuja lei, norma e critério de verdade é ela mesma.

Razão iluminista: é a razão autônoma desenvolvida pelos filósofos do movimento cultural do século XVIII, chamado Ilustração, Iluminismo.

Razão instrumental: é a razão que estabelece seus fins e ordena os meios a fim de obtê-los.

Reflexividade biográfica: capacidade e exigência do ser humano de refletir sobre si para encontrar seu papel na sociedade, uma vez que se desfizeram os papéis tradicionais.

Revolução do silício: depois da revolução industrial, aconteceu a da microeletrônica, dos transistores, dos aparelhos. Como na composição desses aparelhos entra a substância química do silício, convencionou-se chamar a esta transformação industrial rápida e gigantesca de "revolução do silício".

Robótica: ciência que desenvolve a criação de mecanismos automáticos (robô), eletronicamente programados, que substituem a atividade humana.

Subjetividade: a qualidade de o sujeito ser o fundamento da verdade em todos os campos; por isso, ele percebe, capta a realidade desde sua experiência individual.

Telemática: estudo e fabricação de aparelhos eletrônicos que proporcionam a comunicação de informações visuais, auditivas ou escritas à distância: videotexto, videofone, videoconferência, fax.

Terceirização: processo pelo qual na economia as empresas sublocam parte de suas atividades a outros grupos.

Toyotismo: novo tipo de produção que considera o operário na sua capacidade de iniciativa e criatividade.

Transnacionalização do capital: fenômeno do atual capitalismo que consiste na maneira de acumular e gerir o capital independente das nações, mais vinculada aos bancos e empresas internacionais.

DISTRIBUIDORES DE EDIÇÕES LOYOLA

Acre
M. M. PAIM REPRESENTAÇÃO E COMÉRCIO
Rua Rio Branco do Sul, 331 – 69908-340 **Rio Branco**, AC
☎ (068) 224-3432

Amazonas e Roraima
METRO CÚBICO LIVROS E REV. TEC. LTDA
Rua 24 de Maio, 415 – 69010-080 **Manaus**, AM
☎ (092) 234-3030 e 234-4617/ Fax: (092) 233-8655

Bahia
DISTR. BAIANA DE LIVROS COM. E REPR. LTDA
Rua Clóvis Spínola, 40 – Orixás Center – loja II
Pav. A – 40080-240 **Salvador**, BA
☎ (071) 321.8617

LIVRARIA E DISTRIBUIDORA MALDONADO LTDA.
Rua Direita da Piedade, 203
Bairro Piedade – 40070-190 **Salvador**, BA

EDITORA VOZES LTDA
Rua Carlos Gomes, 698A – Conj. Bela Center – loja 2
40060-330 **Salvador**, BA
☎ (071) 241-8666/ Fax: (071) 241-8087

PAULINAS
Av. 7 de Setembro, 680 – São Pedro
40110-001 **Salvador**, BA
☎ (071) 243-2477/ 243-2805/ Fax: (071) 321-5133

Distrito Federal
EDITORA VOZES LTDA.
CRL/Norte – Q. 704 – Bloco A n. 15
70730-731 **Brasília**, DF
☎ (061) 223-2436/ Fax: (061) 223-2282

LETRAS E LÁPIS
SCS Quadra 01 Bloco D loja 11 Ed. JK
70350-731 **Brasília**, DF
☎ / Fax: (061)223-2684

PAULINAS
Bl. C – Lojas 18/22 – SCS – Q. 05
70300-909 **Brasília**, DF
☎ (061) 225-9595/ 225-9664/ 225-9219
Fax: (061) 225-9219

Ceará
LIVRARIA ARLINDO LTDA.
Praça Waldemar Falcão – Cx. P. 692
60055-140 **Fortaleza** – CE
Tels.: (085) 226-1596 e 231-7415

EDITORA VOZES LTDA.
Rua Major Facundo, 730 – 60025-100 **Fortaleza**, CE
☎ (085) 231-9321/ Fax: (085) 221-4238

PAULINAS
Rua Major Facundo, 332 – 60025-100 **Fortaleza**, CE
☎ (085) 226-7544/ 226-7398/ Fax: (085) 226-9930

Espírito Santo
"A EDIÇÃO" LIVRARIA E DISTRIB.
Rua Nestor Gomes, 277 salas 101/102 – Ed. Anchieta
Cx. P. 1256 – 29015-150 **Vitória**, ES
☎ (027) 223-4096 e 223-4777

PAULINAS
Rua Barão de Itapemirim, 216 – 29010-060 **Vitória**, ES
☎ (027) 223-1318/ Fax: (027) 222-3532

Goiás
EDITORA VOZES LTDA.
Rua 3 n. 291 – 74023-010 **Goiânia**, GO
☎ / Fax: (062) 225-3077

LIVRARIA EDIT. CULTURA GOIÂNA LTDA
Av. Araguaia, 300 – 74030-100 **Goiânia**, GO
☎ (062) 229-0555./ Fax: (062) 223-1652

Maranhão
PAULINAS
Rua de Santana, 499 – Centro – 65015-440 **São Luís**, MA
☎ (098) 221-5026/ Fax: (098) 232-2692

Mato Grosso
EDITORA VOZES LTDA.
Av. Getúlio Vargas, 381 – Centro
78005-600 **Cuiabá**, MT
☎ (065) 322-6869 e 322-6967/ Fax: (065) 322-3350

Minas Gerais
EDITORA VOZES LTDA.
Rua Tupis, 114 – 30190-060 **Belo Horizonte**, MG
☎ (031) 273-2538/ Fax: (031) 222-4482

EDITORA VOZES LTDA.
Rua Espírito Santo, 963 – 36010-041 **Juiz de Fora**, MG
☎ / Fax: (032) 215-8061

ACAIACA DISTR. DE LIVROS LTDA.
Rua da Bahia, 478 – loja 11
30160-010 **Belo Horizonte**, MG – ☎ (031) 271-4999

Rua 129, nº 384 – Sta. Maria – 35180-000 **Timóteo**, MG
☎ / Fax: (031) 848-3225

Rua João Lustosa, 15/201 – Lourdes
36070-720 — **Juiz de Fora**, MG
☎ / Fax: (032) 235-2780

PAULINAS
Av. Afonso Pena, 2.142 – 30130-007 **Belo Horizonte**, MG
☎ (031) 261-6623/ 261-7236 / Fax: (031) 261-3384

PAULINAS
Rua Curitiba, 870 – 30170-120 **Belo Horizonte**, MG
☎ (031) 224-2832/ Fax (031) 261-3384

PAULINAS
Rua Januária, 552 – 31110-060 **Belo Horizonte**, MG
☎ (031) 444-4400/ Fax: (031) 444-7894

Pará
PAULINAS
Rua Santo Antonio, 278 – Bairro do Comércio
66010-090 **Belém**, PA
☎ (091) 241-3607/ 241-4845/ Fax: (091) 224-3482

Paraná
EDITORA VOZES LTDA
Rua 24 de Maio, 95 – Centro – 80230-080 **Curitiba**, PR
☎ (041) 233-1392/ Fax: (041) 233-1513

EDITORA VOZES LTDA.
Rua Piauí, 72 – Loja 1 – 86010-390 **Londrina**, PR
☎ / Fax: (0432) 37-3129

A LORENZET DISTRIB. E COM. DE LIVROS LTDA.
Av. São José, 587 loja 03 – 80050-350 **Curitiba**, PR
☎ (041) 262-8992

PAULINAS
Rua Voluntários da Pátria, 225 – 80020-000 **Curitiba**, PR
☎ (041) 224-8550/ Fax: (041) 226-1450

PAULINAS
Av. Getúlio Vargas, 276 – 87013-130 **Maringá**, PR
☎ (044) 226-3536/ Fax: (044) 226-4250

Pernambuco, Paraíba, Alagoas, R. G. do Norte e Sergipe
EDITORA VOZES LTDA.
Rua do Príncipe, 482 – Boa Vista – 50050-410 **Recife**, PE
☎ (081) 221-4100/ Fax: (081) 221-4180

PAULINAS
Av. Norte, 3.892 – 52110-210 **Recife**, PE
☎ (081)441-6144/ FAX (081) 441-5340

PAULINAS
Rua Frei Caneca, 59 – Loja 1 – 50010-120 **Recife**, PE
☎ (081) 224-5812/ 224-5609/ Fax: (081) 224-9028

R. G. do Sul
EDITORA VOZES LTDA.
Rua Riachuelo, 1280 – 90010-273 **Porto Alegre**, RS
☎ (051) 226-3911/ Fax: (051) 226-3710

EDITORA VOZES LTDA.
Rua Joaquim Nabuco, 543
93310-002 **Novo Hamburgo**, RS – ☎ / Fax: (051) 593-8143

ECO LIVRARIA E DIST. DE LIVROS
Rua Visconde do Herval, 575
90130-151 **Porto Alegre**, RS – ☎ (051) 231-7393

PAULINAS
Rua dos Andradas, 1.212 – 90020-008 **Porto Alegre**, RS
☎ (051) 221-0422/ Fax: (051) 224-4354

Rio de Janeiro
ZÉLIO BICALHO PORTUGAL CIA. LTDA
Av. Presidente Vargas, 502 – 17º andar
20071-000 **Rio de Janeiro**, RJ
☎ (021) 233-4295/ 263-4280

EDITORA CRESCER
Rua Joaquim Palhares, 227 fundos
20260-080 **Rio de Janeiro**, RJ
☎ (021) 273-3196/ Fax: (021) 293-2961

EDITORA VOZES LTDA
Rua Senador Dantas, 118-I
20031-201 **Rio de Janeiro**, RJ – ☎ / Fax: (021) 220-6445

EDITORA VOZES LTDA
Rua Frei Luís, 100
Cx. P.1 90023 – 25685-020 **Petrópolis**, RJ
☎ (0242) 43-5112/ Fax: (0242) 42-0692

PAULINAS
Rua 7 de Setembro, 81-A – 20050-005 **Rio de Janeiro**, RJ
☎ (021) 224-3486/ Fax: (021) 224-1889

PAULINAS
Rua Doutor Borman, 33 – Rink – 24020-320 **Niterói**, RJ
☎ (021) 717-7231/ Fax: (021) 717-7353

Rondônia
PAULINAS
Rua Dom Pedro II, 864 – 78900-010 **Porto Velho**, RO
☎ (069) 223-2363/ Fax: (069) 224-1361

Santa Catarina
LIVRARIA SÃO PAULO
Pça. Irineu Bornhausen, s/n
Cx. Postal 2167 – 88304-970 **Itajaí**, SC
☎ / Fax: (0473) 44-216

LIVRARIA DA TORRE LTDA.
Rua XV de Novembro, 963 – 89010-003 **Blumenau**, SC
Tel/Fax: (0473) 22-3471

LIVR. EDIT. SANTUÁRIO DE AZAMBUJA LTDA.
Rua Azambuja, 1076 sala 04 – 88350-000 **Brusque**, SC

LIVRARIA DA CATEDRAL LTDA.
Rua dos Príncipes, 690 – 89201-972 **Joinville**, SC
☎ (0474) 22-0460

São Paulo
DISTRIBUIDORA DE LIVROS LOYOLA LTDA
Rua Senador Feijó, 120 – 01006-000 **São Paulo**, SP
☎ / Fax: (011) 232-0449/ 287-0688/ 287-1921

EDITORA VOZES LTDA.
Rua Senador Feijó, 168 – 01006-000 **São Paulo**, SP
☎ (011) 605-7144/ Fax: (011) 607-7948

EDITORA VOZES LTDA
Rua Haddock Lobo, 360 – 01414-000 **São Paulo**, SP
☎ (011) 256-0611/ 256-2831/ Fax: (011) 258-2841

EDITORA VOZES LTDA
Av. Rodriguez Alves, 10-37 – 17015-002 **Bauru**, SP
☎ / Fax: (0142) 34-2044

EDITORA VOZES LTDA
Rua Barão de Jaguara, 1164/1166
13015-002 **Campinas**, SP – ☎ / Fax: (0192) 8-9316

PAULINAS
Rua Domingos de Morais, 660
04010-100 **São Paulo**, SP
☎ (011) 549-9777 – R. 213/ 214/ Fax: (011) 549-9772

PAULINAS
Rua 15 de Novembro, 71 – 01013-001 **São Paulo**, SP
☎ (011) 606-4418/ 606-0602/ 606-3535/ Fax: (011) 606-3535

PAULINAS
Via Raposo Tavares, km 19,5 – 05577-200 **São Paulo**, SP
☎ (011) 810-1444/ Fax: (011) 810-0972

PAULINAS
Av. Marechal Tito, 981 – São Miguel Paulista
08020-090 **São Paulo**, SP
☎ (011) 956-0162

EDITORA BRASILIENSE
Av. Marquês de São Vicente, 1771/A – Loja Térreo
01139-003 **São Paulo**, SP
☎ (011) 67-9171/ Fax: (011) 826-8708

Sergipe
MOTA & GONÇALVES LTDA.
Rua São Cristóvão, 34 – 49010-380 **Aracaju**, SE
☎ (079) 222-7691

Portugal
MULTINOVA UNIÃO LIV. CULTURAL
Av. Santa Joana Princesa, 12 E — 1700 **Lisboa**, Portugal
Fax: 848-3436/ 88-3365

Se o(a) senhor(a) não encontrar este ou qualquer um de nossos títulos em sua livraria preferida ou em nosso distribuidor, faça o pedido por reembolso postal diretamente a:

Edições Loyola

Rua 1822 nº 347 — Ipiranga
04216-000 São Paulo — SP
Caixa Postal 42.335
04299-970 São Paulo — SP
☏ (011) 914-1922